廖栋雯 著

家族文化的复兴与重构
—— 以油茶坡苏系家族文化建设为个案

哈尔滨出版社
HARBIN PUBLISHING HOUSE

图书在版编目（CIP）数据

家族文化的复兴与重构：以油菜坡苏系家族文化建设为个案 / 廖栋雯著． -- 哈尔滨：哈尔滨出版社，2023.5
ISBN 978-7-5484-7209-4

Ⅰ．①家… Ⅱ．①廖… Ⅲ．①家族－文化研究－湖北 Ⅳ．① K820.9

中国国家版本馆 CIP 数据核字（2023）第 094981 号

书　　名：家族文化的复兴与重构：以油菜坡苏系家族文化建设为个案
JIAZU WENHUA DE FUXING YU CHONGGOU: YI YOUCAIPO SUXI JIAZU WENHUA JIANSHE WEI GE'AN

作　　者：廖栋雯　著
责任编辑：韩金华
封面设计：树上微出版

出版发行：哈尔滨出版社（Harbin Publishing House）
社　　址：哈尔滨市香坊区泰山路 82-9 号　　邮编：150090
经　　销：全国新华书店
印　　刷：武汉市籍缘印刷厂
网　　址：www.hrbcbs.com
E-mail：hrbcbs@yeah.net
编辑版权热线：（0451）87900271　87900272

开　　本：880mm×1230mm　1/32　印张：7.75　字数：155 千字
版　　次：2023 年 5 月第 1 版
印　　次：2023 年 5 月第 1 次印刷
书　　号：ISBN 978-7-5484-7209-4
定　　价：68.00 元

凡购本社图书发现印装错误，请与本社印制部联系调换。
服务热线：（0451）87900279

序

晓 苏

博士毕业之后，栋雯将她的博士学位论文数易其稿，再三斟酌，反复打磨，现在终于要公开出版了。作为她读博士期间的指导老师，我也深感欣慰。

付梓在即，她希望我在她的著作前面写一篇序言，于情于理，我都应该满口答应，并迅速成文。然而，我接受这个任务之后，心里十分纠结，曾经还想婉言谢绝。原因是，她的这篇题为《家族文化的复兴与重构》的论文与我所属的家族有着密切的关系。面对这样一部著作，我不知道如何才能给予客观而公正的评价，既担心低估了论文的研究价值，又害怕高抬了我们家族的文化建设。但是，出于言而有信，我还是决定写一点文字，一方面对栋雯的大作出版表示衷心祝贺，一方面谈谈我对她的一些印象。

栋雯看上去是一个弱女子，其实她的内心是十分强大的，暗藏着一种不易被人觉察的恒心与毅力。她来自贵州的一所师范大学，读博之前任职于学校组织部，应该说有着令人羡慕的仕途前景。为了读我的博士，她连续考了好几年。其实，她每年考得都不错，成绩总在头几名，年年都进入了复试环节。可是，由于种种原因，她没能被录取。其中一个重要原因是，我怀疑她考博并非单纯为了学术，而是为自己日后的提拔积累资本。没想到，她却那么坚定，那么执着，一年不取考两年，两年不取考三年，而且考试成绩一年比一年好。最后，我居然被她感动了，在名额极为有限的情况下录取了她。

让我始料不及的是，栋雯读完博士回到原单位之后，很快向学校提交了转岗申请，毫不犹豫地从一名行政干部转成了一名专业教师。直到这时，我才完全相信她当初读博动机的纯粹性。与此同时，我也对她多了一份欣赏。栋雯反常逆行，转向学术研究，实属与众不同。

栋雯来到华中师范大学读博后，我对她的家庭背景有了更多的了解。要说，她的生活环境是比较好的，用优越这个词来形容一点也不为过。她的先生是贵州一家银行的负责人，对她珍爱有加。她还有一个聪明可爱的儿子，由她母亲专门照管。如果仅从生活的角度来讲，她可以说衣食无忧，岁月静好。可是，看似平常的栋雯却隐藏着另一种向往。她不满足于自己当下的生活，而选择奋斗和吃苦去追求人生的更高理想和更大意义。

栋雯在读硕士研究生的时候学的是语言学，还公开出版过一本名为《趣数汉语"万能"动词》的小册子。虽然语言和文学同属一个学科，二者相互交融，彼此缠绕，密不可分，但在重点和方向上分属两个完全不同的研究领域。倘若想要轻车熟路的话，栋雯完全可以去攻读语言学方向的博士。但她一开始就选择了中国民间文学。面试时问其原因，她做了三点回答，一是从小喜欢中国民间故事；二是补上自己的文学短板；三是探寻民间文学与民间文化之间的关系，从而让离读者越来越远的当代文学重返民间,回归人民大众。以上的回答让我觉得,她选择中国民间文学作为自己的博士研究领域,是经过了深思熟虑的。

显然,栋雯选择中国民间文学专业也为自己的读博之路设置了难度。借用一句俗不可耐的话说就是,理想是丰满的,而现实往往是骨感的。不过,她事先便做好了迎难而上的准备。入校的第一年,因为要获得必需的专业学分,还要完成必修的政治课和外语课,听说她只在春节期间回了一趟贵州,其他时间几乎全都待在学校里。除了上课,她还要撰写各门课程论文,同时还要恶补硕士阶段的文学缺口。那一年,她远离家人,默默苦读。听她的室友讲,在某些夜深人静的时候,她也会忍不住拿出乳臭未干的儿子的照片来看上一会儿,不禁以泪洗面。值得高兴的是,她的时间没有白花,心血没有白费,一年下来,她各门功课都取得了优异的成绩。

所有学分拿到以后,栋雯在时间上虽然有了更多的自主权,但最艰巨的任务却摆在了她的面前,那就是按时完成博士学位论文。可以说,这是读博之路上最难的一关。据我所知,不少博士生就是在这一关被卡住了,导致前功尽弃,遗憾终生。作为栋雯的导师,我也曾为她的博士论文提心吊胆。为了减轻她在论文写作上的负担与压力,我还帮她策划了一个选题,我建议她研究中国当代小说中的民间语言。这个选题既扣住了中国民间文学方向,又能发挥她在硕士研究生阶段的研究优势。栋雯一开始是愿意研究这个选题的,还拟出了详细的写作提纲。

后来出乎我意料的是，一个偶然的机会，她参加了一次我们家族的清明大会，突然对家族文化建设产生了极大兴趣，并迅速将家族文化与民间文学挂上了钩。随即，栋雯便找到我，要求改换博士论文选题。当时，我感到十分为难，虽然认同她的想法，心里却顾虑重重。我曾试图劝她放弃，她却十分坚持，我只好依了她。

　　栋雯的论文完成之后，按规定研究生院要将其送外盲审，盲审顺利通过，随后又顺利通过了博士学位论文答辩。现在，这部论文又将以专著的形式公开出版，它的价值不言而喻。

2023 年清明节

目录
Contents

第一章 油菜坡苏系家族概说 ······001

第一节 地域概况 ······ 002
一、地理环境 ······ 002
二、历史沿革 ······ 005
三、文化特征 ······ 010

第二节 移民聚落的家族重构 ······ 015
一、移民家族的特殊形态 ······ 016
二、移民家族的发展演变 ······ 024
三、移民家族的地缘风俗 ······ 028

第三节 油菜坡苏系家族的发展历史与现状 ······ 035
一、赶村而来的家庭移居 ······ 037
二、繁衍谱系及结构特征 ······ 041
三、油菜坡苏系家族的族间交往 ······ 047

第二章 家族文化的复兴历程 ······052

第一节 油菜坡苏系家族文化的历史形态 ······ 053
一、传统时期 ······ 053
二、断裂时期 ······ 058

三、过渡时期 ·· 059

第二节　油菜坡苏系家族文化的全面复兴 ············ 063
　　一、重续家族集体记忆 ································· 065
　　二、重构家族公共空间 ································· 069
　　三、重建家族伦理秩序 ································· 076
　　四、重兴家族传统礼俗 ································· 081

第三节　油菜坡苏系家族文化复兴的逻辑 ············ 088
　　一、家族精英的自觉担当 ···························· 090
　　二、多数族人的现实需求 ···························· 098
　　三、时代语境的引领推动 ···························· 105

第三章　家族文化的传承载体 ································ 110

第一节　清明大会的发展脉络 ································ 111
　　一、清明节俗的历史源流 ···························· 112
　　二、口耳相传的久远故事 ···························· 119
　　三、一年一度的清明大会 ···························· 124

第二节　清明大会的主要议程 ································ 129
　　一、集体祭祖单元 ······································ 130
　　二、家族报告单元 ······································ 135
　　三、表彰先进单元 ······································ 148
　　四、文娱表演单元 ······································ 154
　　五、清明宴会单元 ······································ 159

第三节 清明大会的当代元素 …… 161
一、更新血缘观念 …… 162
二、开拓发展路径 …… 167
三、彰显时代特征 …… 173

第四章 家族文化内涵的嬗变 …… 179

第一节 提升家族女性的社会地位 …… 180
一、纠正女性身份偏见 …… 181
二、赋予女性话语权力 …… 186
三、发挥女性性别优势 …… 190

第二节 培育家族成员的开放精神 …… 196
一、从封闭走向开放 …… 197
二、从单一走向多元 …… 201
三、从保守走向创新 …… 208

第三节 构筑家族文化的多维空间 …… 214
一、家族文化与地域文化的合流 …… 214
二、家族文化与外来文化的互动 …… 220
三、家族文化与主流文化的交融 …… 223

结　语 …… 229

第一章　油菜坡苏系家族概说

油菜坡苏系家族，是居住于襄阳市保康县的苏姓族群。历史上，襄阳市曾经是数次全国性移民的主要迁地和波及区。移民频繁地迁入与迁出影响了保康县人口结构的稳定性，也影响了世代相继的大家望族的发育，"来源纷杂，而土著则无几"[①]可谓是当地人口结构的真实写照。常年的社会动乱和生存空间的局限制约了五方移民的家族重建，这使当地家族呈现出明显弱于典型家族的结构特征。中华人民共和国成立后，数次社会变革，使家族组织逐渐瓦解、消失，与家族相关的一切概念几乎全部退出人们的生活。这不禁让我们疑惑，在家族组织缺失的保康县，家族观念和家族文化是如何潜隐在人们的内心深处，并在新时期被唤醒、点燃、激活，又是以怎样的文化形态被人们重构和转化的？本章就让我们走近油菜坡苏系家族所在的地域，对油菜坡苏系家族的历史背景和发展现状，家族文化形成的自然环境和人文语境，以及促成家族文化极具当代特点的内部力量进行深入而细致的描述。

---

① 鲁西奇、杨国安：《香口柯家湾：清代鄂西北山区移民的生计、发展与宗族形态》，载于见行龙、杨念群主编《区域社会史比较研究》，北京：社会科学文献出版社，2006年。

家族文化的复兴与重构
——以油菜坡苏系家族文化建设为个案

第一节 地域概况

我国历史悠久、幅员辽阔，不同的地理环境呈现出千差万别之姿，不同的地域文化也有着丰富多彩之态，正如学者钱穆所言："各地文化精神之不同，穷其根源，最先还是由于自然环境之区别，而影响其生活方式。再由生活方式影响到文化精神。"[①]别具特色的地域环境，影响了当地的文化精神，也影响了生存于其中的地域家族的文化形态。油菜坡是位于湖北省保康县南部的一个小山村，保康县的地理环境是油菜坡苏系家族文化孕育、形成和积淀的摇篮，它为油菜坡苏系家族文化的形成提供了必要的地理环境、气候条件、人文土壤和风俗氛围，不仅对家族文化的内涵产生了深刻影响，也对家族文化特点的产生影响深刻。

一、地理环境

油菜坡是油菜坡苏系家族进山始祖苏必刚最初落脚的地方，也是油菜坡苏系家族在此地繁衍生息的起点。它位于保康县店垭镇，是店垭镇上的一个小山村。保康县地处鄂西北，隶属湖北省襄阳市，位于其西南部。地理坐标跨东经110°45′～111°31′、北纬31°21′～32°06′，西交房县、神农架，南邻远安、宜昌，北接谷城，东连南漳。保康县由南至北长约82.5公里，从东向西宽约68.5公里，

---

① 钱穆：《中国文化史导论》，北京：商务印书馆，1994年。

总面积约3225平方公里。保康县内山岭重叠、沟壑纵深，地势起伏多变，只有部分平坦河谷中分布有少数丘陵和冲积平原。荆山主脉由西南往北并延伸至东部，横贯县中，自然地将保康县分为南北两部分。保康北部谓之保北，巍峨陡峭、河谷狭窄，进出艰难；保康南部谓之保南，地势平缓、河谷较宽，一直是进山的近道。店垭镇就位于保康的最南端，堪称"保康县的南大门"。

保康县属于亚热带大陆性季风气候，冬天寒冷，夏天炎热，四季气候分明。保康县内地貌复杂，地势的高低对气候影响较大，在当地一直有"高一丈，不一样。阴阳坡，差得多"的说法。地势较低的河谷地区，有充足的日照和丰富的热量，降水集中；地势较高的高山地区，气候寒冷，湿度较大，降霜期早、积雪期长。保康县内自然灾害也较为频繁，每年都有不同程度的旱灾、水灾、风灾、冻灾、雹灾、虫灾等，尤其以旱灾和水灾最为严重[1]。受地理关系的影响，保康的高山之上常有洪涝，半山之处常遇干旱，低洼河谷屡发洪水，这对农作物的收成影响严重。但正如俗语所言："低山旱年，高山丰年；低山常年，高山涝年"，在保康县既没有完全的丰收之年，也没有完全的受灾之年，"高山不收低山收，阴坡不收阳坡收"[2]。保康县的地质构造也较为复杂，砾石含量较高，导致土壤质地不良，可供耕地的面积较少。自然条件的恶劣，

---

[1] 湖北省保康县地方志编纂委员会编：《保康县志》，北京：中国世界语出版社，1991年。

[2] 同上。

家族文化的复兴与重构
——以油菜坡苏系家族文化建设为个案

对当地农业生产发展和百姓的生活极为不利，正如《湖北省保康县地名志》记载："旧时代的保康，地瘠民穷，和本省长乐县（即今五峰县）同有'保康不康，长乐不乐'之说。吃水难，行路难为群众生活中的两大困难。中华人民共和国成立前夕，全县约有三分之一的农户吃远水，高山地区只有极少数富户砌石窖积雨雪以饮终年。由于重山阻隔，小路如肠，动则背驮肩挑，花工费时，人民尤苦于此，称'竖起来的路'。穷山深谷中，有终年极少食盐者，终生未尝粘米者，举家无完衣者，以包谷杆、麦秸草、石片当瓦岩处穴居者，荒馑之年，万家断炊，其状尤惨。连封建统治阶级中的开明者也不否认：'草根与树皮，搜括空林麓，道旁有死人，争往食其肉'。"[1]民间也有山歌唱道"山上人家山下田，依山筑道引山泉，雨妨淤塞晴妨旱，第一农夫算可怜"[2]。

民国学者刘师培曾在《南北文学不同论》中说："大抵北方之地，土厚水深，民生其间，多尚实际。南方之地，水势浩洋，民生其际，多尚虚无。"保康县崇山峻岭、沟谷纵深，山地多而可供农作的土地少，自然空间广阔而可供生存的生活空间狭小。气候条件与地形地貌严重影响了当地百姓的生活，天灾人祸的频发又使得当地百姓时常处于饥寒交迫的惨境，这也促使当地百姓养成了封闭、宽厚、踏实、吃苦耐

---

[1] 保康县地名领导小组办公室编：《湖北省保康县地名志》，保康县印刷厂，1984年。

[2] 湖北省保康县地方志编纂委员会编：《保康县志》，北京：中国世界语出版社，1991年。

劳、乐善好施的地域精神，形成了互帮互助、自给自足的生活方式。

保康县为油菜坡苏系家族的发展提供了大的外在环境，店垭镇则与之有着更加紧密的内在关联。店垭镇地处襄阳市东南部，也是保康县的最南边。全镇总面积138.50平方千米，下辖17个村、1个社区，人口总数约1.57万人。在保康县所有的乡镇中，店垭只能算其中一个小镇，其人口数量和面积甚至只有其他大乡镇的一半。但就是这样一个小镇，却有着其他乡镇所不可比拟的优势。作为"保康县的南大门"，店垭镇平均海拔只有735米，从店垭一路北上，海拔越来越高，地势越来越陡。所以店垭有山但不是凶山，"看山不走山"；有水但不是恶水，"遇水不涉水"。这种独特的地理优势，使之成为进出保康县最佳的途径。天南海北的人在此地途经或聚集，这也为其带来了更多开放的气息。

二、历史沿革

保康县建县历史较短，作为一个独立的行政单位始于明弘治十一年（1498年），至今（2020年）仅有522年的时间。历史上，由于朝代更迭和流民肆虐，鄂西北一带一直处于分区混乱的状态，明朝前都没有统一的行政区域划分。域属鄂西北的保康县，其归属地也一直处于变动之中："春秋属麇国防渚，战国属楚，秦至东汉属房陵县，三国魏置涑（祁）乡县，东晋置沮阳县，南北朝置潼阳县，西魏置大洪、重阳县，北周置永清县，唐代先后置受阳、土门、归义县，至宋（968年）

废县入房陵。"①

表1.1 保康建县前境内县治沿革表②

朝代	公元	县名	治地现名	隶属
东汉				新城郡房陵县
三国	220-齐502年	沶乡*	黄化大坪村	魏荆州新城郡
东晋	368-南北朝479年	沮阳	歇马白果树坪	沮阳郡、汶阳郡
南北朝	420-479年	潼阳	马良街	荆州汶阳郡
西魏	554-562年	大洪	寺坪村城上	光迁国
北周	562-宋968年	永清	寺坪大贩村	迁州、房州，入房陵县
唐	618-619年	受阳	马桥中坪寺岭村	迁州
唐	619-620年	土门	城关镇土门街	重州
唐	619-620年	归义	金斗街	重州
唐	619-625年	重阳	马良穆林头	重州

*：沶乡又名沶阳、沶阴，沶亦作祁。岈峪，原为鲊峪。

明朝时期，因流民过多，房县不堪重负。加之辖境辽阔，难以治理，"明朝弘治十一年（1498年）始析房县东境宜阳、修文二里置保康县，县治潭头坪（今城关镇）"③，保康由此正式建县。同治五年（1866年）《保康县志新纂》对这一历史进行了详细记载："保去房约180里"，"以房地山峒寇发不时，

① 湖北省保康县地方志编纂委员会编：《保康县志》，北京：中国世界语出版社，1991年。
② 同上。
③ 同上。

县令鞭长莫及，割县之修文、宜阳二里，置保康，民始安谧，十一年知县苏慧和首建县治，筑土城。"《保康县志新纂》对"保康"县名的来源也做了记录："赵宋太祖时置保康军（军：宋地方行政区划名，与州、府同级——编者），邑名始此"④。至今在保康县马良镇扁洞河界山⑤上的一座祖师庙中仍记载有县名的来历。这座祖师庙建于光绪初年，庙门上方有一块石横额，面向南漳的一面凿刻了"惠此南国"四字，面向保康的一面则凿刻了"用康保民"四字。因为当地土匪猖獗、匪患严重，当地百姓就沿用了"保康"作为县名，寓意"保障人民安居康乐"，一直使用至今。

建县后，保康县的归属地也一直处于变动之中，先后隶属于湖北布政使司安襄郧荆道郧阳府、湖北省政府、襄阳道尹公署、中原人民临时政府桐柏行署汉南办事处等，直到1983年8月，襄阳与襄樊市合并，建立了市带县行政体制，保康县隶属襄樊市⑥，至此，保康县的隶属单位才正式确定下来。

保康建县时，所管辖的区域只有修文（北）和宜阳（南），发展至今，一共管辖11个乡镇。其间，保康县总面积发生过一次变化。根据民国三十一年（1942年）保康县制作的辖区

---

④ 保康县地名领导小组办公室编：《湖北省保康县地名志》，保康县印刷厂，1984年。
⑤ 界山：一般指两个或多个地形区、行政区的山脉分界线。这里是指中华人民共和国成立前南漳县与保康县的交界处。
⑥ 湖北省保康县地方志编纂委员会编：《保康县志》，北京：中国世界语出版社，1991年。

统计表（表1.2）可知[①]，1931年以前，保康县共有13个乡公所，118个自然村庄。1949年4月，保康县和南保兴宜爱国民主政府被撤销，在此基础上成立了保康县人民政府，原属于南漳县辖区的3个乡——店垭、马良、重阳（928平方公里）被划归保康县，至此，保康县的面积及辖区范围才算正式确定下来。为了便于管理和发展，保康县将全县调整为城关、寺坪、歇马、黄化、马良、金斗、马桥七个区人民政府，又建立了55个乡政府和221个行政村，此后又有多次调整[②]。截至目前，全县下辖城关、黄堡、后坪、龙坪、马良、店垭、歇马、马桥、寺坪、过渡湾10个镇和1个两峪乡，共257个行政村。

表1.2 民国三十一年保康县所辖乡镇名称及保、甲数统计表

乡镇名	乡公所地址	保数	甲数	所辖村庄
合计	13乡	189	1808	共118个自然村庄
光迁镇	江西馆	15	143	县城 高涧 倒座庙 黄土岭 白峪沟 三溪沟 方家坪 三道峡 王家湾 银溪沟
黄化乡	黄堡坪	15	149	土门 黄堡坪 均坪 双河观 张家湾 两河口 水田坪 庙子垭 板仓河 三十六塝
合助乡	后坪	13	132	前坪 后坪 东流水 谢寺坪 郭家沟 汤池观 油坊街 门楼头 麻园 柳簸坪 车峰坪 朱家厂

[①] 湖北省保康县地方志编纂委员会编：《保康县志》，北京：中国世界语出版社，1991年。
[②] 同上。

续 表

乡镇名	乡公所地址	保数	甲数	所辖村庄
永峰乡	塔湾	15	148	塔湾 观音堂 岞峪 马鞍山 张弓山 马虎垭 百峰坪 黄家沟
安正乡	开峰峪	15	153	开峰峪 白果园 红岩寺 石灰沟 龙漳河 白云寺 青滩
寺坪乡	寺坪	14	141	蒋口 寺坪 庹家坪 鳝鱼河 珠藏洞 简家坪 河坪 李家湾 虾子坪
金斗乡	金斗街	16	134	金斗街 七界河 唐儿河 峰山 陈家村 大坪 焦家坪 古泉沟 寄子洞沟 白果树沟
台口乡	十王庙	14	123	台口 十王庙 柳园铺 三尖山 河渡口 大山沟 樟木沟 王家坪 天子坪 李二姐沟
歇马镇	歇马街	14	143	歇马河 莲花池 尚家台 后园 羊五垭 金堂垭 王家庄 施家堰 十字路
马桥乡	马桥口	16	147	马桥口 中坪 周湾 鸳鸯池 天花坪 白竹头 杨家扁 干溪沟 李家沟
官斗乡	欧家店	14	141	欧家店 官斗坪 堰坪河 卢坪 横河 杨家河 冷水沟 胡家扁
百峰乡	百峰寺	14	130	九路寨 九里 五股水 段江 江池 七眼沟
盘龙乡	螃蟹溪	14	124	螃蟹溪 桃园 张家院子 南垭 孙家岭 杨家岭 胡家店 毛家坪 张家山

朝代的更迭，流民频繁地流动，以及保康县在历史上不断调整的行政区划，都严重影响了保康当地的人口结构和自然村落形态，使保康县内少有根基深厚、土生土长的土著望族，移民而来的外地百姓中也难以发育出庞大的大姓家族。

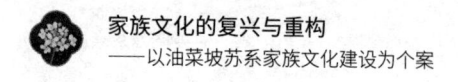

三、文化特征

历史上，保康及其所属地鄂西北，由于独特的地理位置和较为辽阔的地理空间，经历了数次移民运动，并在移民的冲击下形成了以移民为主体的人口社会结构。"五方杂寓"的移民携带着各地不同的文化，与保康本土文化在交流、碰撞中又融合、重铸了极具移民特色的复合型保康文化。这种文化南北兼及，包容多元，对新鲜事物和异质文化具有极强的改造力和容纳性。多元并存的移民文化，不仅深刻地影响了保康县的文化风俗，也形塑了保康人民富有开放性和包容性的文化品格。

自先秦开始，多地百姓为躲避战乱与苛政，逃往鄂西北的深山老林，搭棚而居，掘地而食。汉唐时期，鄂西北因为地旷人稀、土地荒芜，又被朝廷长期作为流放皇室宗亲及朝廷官员的地方。两晋时期，"八王之乱"等导致大批中原百姓纷纷南下，拥入荆襄。移民的聚集，不仅冲淡了当地土著人口的比例，荆襄地区原有的文化风俗也遭受了一次大规模的异质文化冲击。"自晋氏南迁之后，南郡襄阳，皆为重镇，四方凑会，故益多衣冠之绪，稍尚礼义经籍焉。"[1]移民及其所载的各地不同的文化，为荆襄地区带来了新鲜的文化内容，也改变了当地的文化环境。此后，文化的交流与碰撞一直处于动态发展之中。至宋朝，苏轼有诗云："游人出三峡，楚地尽

---

[1] 魏徵：《隋书》，北京：中华书局，1999年。

平川，北客随南贾，吴樯间蜀船……"①"北客""南贾""吴樯""蜀船"的到来，竟使曾经的楚之故国"无人唱楚辞"。诗文的记载未免浮夸，但移民对当地文化的冲击可见一斑。

南宋以后，鄂西北由于其独特的地理位置，多次成为战争的前线与中心。战火肆虐导致人口急剧减少，人口的稀少与土地资源的丰富，为战后大规模的移民迁徙提供了辽阔的生存空间，"自昔军兴，士民鲜存，西北辟地者萃焉，东南趋利者凑焉，五方杂寓，家自为俗。"②各地移民的拥入，基本形成了鄂西北以移民为主体、风俗混杂的社会形态。这一社会文化的变迁在明末清初的大移民中得到了进一步的发展。景泰五年（1454年），因"荆襄地连河南、川陕，延蔓数千里，山深地广，易为屯聚"③，原流入河南的二十万百姓因水荒"转徙南阳、唐、邓、湖广襄、樊、汉、沔之间逐食"④。成化四年（1468年），"四方流民，屯聚荆襄者已二三十万"⑤。明末清初，鄂西北再次陷入战乱，人口大量损失，土地大块荒芜。战乱结束后，清廷开始采取各种措施多方招抚，吸引了大批移民进山开荒，迎来了民间史称"江西填湖广，湖广填四川"的移民大潮，四方移民"北则取道西安、凤翔，东则取道商州、郧阳，西南则取道重庆、夔府、宜昌，扶老携幼，千百成群，

---

① 苏轼：《苏轼诗集》，王文诰辑注，北京：中华书局，2007年。
② 李贤、万安等纂修：《大明一统志》，北京：国家图书馆出版社，2009年。
③ 王其榘：《明实录》，北京：中国社会科学院出版社，1983年。
④ 同上。
⑤ 同上。

到处络绎不绝"[1]。《竹溪县志》记载了这一时期鄂西北地区的人口构成:"陕西之民五,江西之民四,山东河南之民二,土著之民二,今则四川江南山西广东湖南本省武昌黄州安陆荆襄之人亦多入籍"[2]。移民的拥入,进一步强化了鄂西北"五方杂寓"的社会特征,民间风俗也从"家自为俗"开始走向兼并包容,"男耕女织,有古淳之风,但信鬼不约,惟知务农。渐因流寓鳞集,以至风俗侈靡。自创府以来,衣冠辐凑,礼乐兴行,士风因之丕变……陕西之民五,江西之民四,德(安)、吴、楚、山东、河南之民二,土著之民二。皆各以其俗为俗焉。"[3] "邑中土著外,附籍者有秦人、江西人、武昌人、黄州人,各有会馆。聚处日久,俗渐相同。"[4]

在持续千年而历经多次的移民浪潮的冲击下,鄂西北地区"户口多为流寓移民,来源纷杂,而土著则无几。"[5]保康县也是"'五方杂寓',土著较少"。作为文化的载体,移民的文化面貌及特质影响了保康的文化特征。移民所携带的文化,也在与保康县本土文化的交流、碰撞中重铸了富有移民特色的保康文化风俗。这些特色主要表现为:

---

[1] 严如煜:《三省山内风土杂识》,上海:商务印书馆,1936年。
[2] 竹溪县志编纂委员会编辑:《竹溪县志》,竹溪县印刷厂,1992年。
[3] 周尚兵:《生产方式的变迁与历史时期鄂西北的移民缘由——以十堰市所辖地域为例》,《郧阳师范高等专科学校学报》,2004年,第1期。
[4]《竹山县志》卷七,同治四年(1865)刻本。
[5] 鲁西奇、杨国安:《香口柯家湾:清代鄂西北山区移民的生计、发展与宗族形态》,载于见行龙、杨念群主编《区域社会史比较研究》,北京:社会科学文献出版社,2006年。

第一，语言词语丰富，音韵复杂。历史上，保康县经历了数次移民运动，但对其影响最大的当属明末清初的移民大潮。大批山陕移民南下，不仅带来了北方文化，也带来了北方方言。移民迁入地区逐渐形成以北方方言为基础的西南官话，所涉及之处覆盖了整个鄂西北，并影响了今襄阳、南漳、枣阳、保康、郧西等十六个县市，囊括了湖北省面积和人口的三分之二。作为古楚文化的发祥地，湖北并没有如湖南、江西等古楚属国一样成为以古楚语系为基调的南方方言区，却在北方方言的影响下成为西南官话的主要使用片区。这一现象实属罕见，也充分说明北方移民及其文化，对保康和湖北其他地方的本土文化和语言影响颇深。但在这种影响下形成的语言与北方方言并不完全一致，而是移民为了适应生存环境的改变，在原有的北方方言基础之上与当地土著语言进行融合后的再造，因此并不纯正，《保康县志》也有记载："保康境内户族多系明、清时代由外地涌入，故词语丰富，音韵复杂。"①

第二，文化性格开放包容。"五方杂寓"的人口结构造成了移民各有其俗的社会文化特点。随着社会的不断发展，文化也开始由"家自为俗"走向交流磨合，如今活跃在保康民间的文化基因便是两者相互渗透、彼此交融的结果。一个突出的表现就是保康县的民间文艺形式南北兼及、多姿多彩。原本鄂西北的土著极少唱歌和听戏，伴随着移民的到来，天南海北的民间文艺活动都在保康的乡土上热闹起来。唢呐、

---

① 湖北省保康县地方志编纂委员会编：《保康县志》，北京：中国世界语出版社，1991年。

龙灯、花鼓、高跷、蚌壳、皮影、舞狮、薅草锣鼓、彩船（又称划旱船）、彩灯（又称锣鼓棚）等都成为当地百姓所喜好的传统文艺。《保康县志》记载："春节期间，地方推举首人集资操办，城镇皆由商会主办，群众自娱自乐，盛况空前。唢呐班、花鼓班、皮影班在全县广为流传，大凡婚丧都有其活动，薅草锣鼓更为群众喜闻乐见。"[1] 可见，移民所带来的文艺活动已经渗透进百姓的日常生活。各地迥异的文艺演绎方式也在不断的融合中，形成了南北兼及、多彩多姿的表演特色。比如保康花鼓，仅唱腔就囊括了淘腔[2]、汉腔[3]、四平腔[4]、蛮腔、彩调[5]等二十多种，其中淘腔属于皖南花鼓戏四大主腔之一，汉腔属武汉地方戏曲汉剧的唱腔，四平腔属于安徽弋阳腔的一支支派，彩调又属广西传统戏剧唱腔。保康的皮影也是在清朝时期，由河南、山东及河北传入，皮影有头、身体和肢体三部分，投影在约四平方米的白幕上，由一个人操控皮影，两个人演奏音乐。皮影的唱腔也是各不相同，保北主要唱越腔，保南主要唱花鼓和蛮腔，同时也会唱跑马调、叹朝调和点兵调等[6]。

---

[1] 湖北省保康县地方志编纂委员会编：《保康县志》，北京：中国世界语出版社，1991年。

[2] 淘腔属于皖南花鼓戏四大主腔之一。

[3] 汉腔，汉剧（武汉地方戏曲）的唱腔。

[4] 四平腔又称"四平戏"，弋阳腔的一种。

[5] 彩调俗称调子、彩调剧、彩灯、哪嗬嗨等，是流行于广西的地方传统戏剧，国家级非物质文化遗产之一。

[6] 湖北省保康县地方志编纂委员会编：《保康县志》，北京：中国世界语出版社，1991年。

第二节 移民聚落的家族重构

弗里德曼在考察了中国东南地区的家族后指出，"庞大、复杂、联合式的宗族"是中国宗族的特征，这也一度成为早期中国家族研究的唯一范式。在这之后，兰林友等一批学者在对华北家族考察之后发现，如果以华南家族之特征来观照华北家族，那么华北家族就是"残缺的家族"，是偏重于"意识形态的、文化性的、表达性的"家族[1]。有学者进一步指出，并不是所有村落家族都具有"庞大、复杂、联合式"的结构特征，换言之，家族在不同地域不同村落中呈现出不同的类型[2]。事实证明，由于地理位置、发展历史和人口结构等差异，不同地域的家族形态各有其特征。湖北作为九省通衢之地，自古以来就是连接东西南北的咽喉要道，是兵家必争之地，文化交会之土，以及各路移民的必由之路，其家族形态也与"庞大、复杂、联合式的宗族"的南方地区，"意识形态的、文化性的、表达性的"北方地区不同。即使在湖北省内部，不同的区域位置，受到战乱影响及移民浪潮冲击的深度和范围也不尽相同，所呈现出来的家族形态也各有其特征。概言之，鄂东北、鄂东南离江西最近，接受江西籍移民最多，受其影响形成了深厚的家族文化氛围，属移民重建型社会；江汉平原、鄂西北、鄂西南移民来源更广更杂，属填充式移

---

[1] 兰林友：《论华北宗族的典型特征》，《中央民族大学学报》（哲学社会科学版），2004年第1期。

[2] 王铭铭：《社会人类学与中国研究》，桂林：广西师范大学出版社，2005年。

民社会[1]。保康是鄂西北的一个偏远山区县，五方杂寓的移民填充了当地民众的人口主体，形成了"户口多为流寓移民，来源纷杂，而土著则无几"[2]的人口结构。近代以来在战乱、匪患、天灾等多重因素的合力挤压下，移民家族的延续遭受了毁灭性打击，重建的新的家族结构也更弱于其他地区，呈现出家族代际短、规模小、族人散居和家族观念相对淡薄等特征。

一、移民家族的特殊形态

在对保康县开展田野调查的过程中，我们遇到的每一个人几乎都称其祖上来自外地，有些老人还能依稀回忆起家族的迁徙历史。在民间流传的多个方言俗语和传说故事，也都与本地移民历史有关，比如"问我祖先来何处？山西洪洞大槐树"[3]，"小脚指甲分瓣，祖籍就是江西人"[4]，"江西

---

[1] 张国雄、梅莉：《明清时期两湖移民的地理特征》，《中国历史地理论丛》，1991年第4期。

[2] 鲁西奇、杨国安：《香口柯家湾：清代鄂西北山区移民的生计、发展与宗族形态》，载于见行龙、杨念群主编《区域社会史比较研究》，北京：社会科学文献出版社，2006年。

[3] 大槐树是陕西、山西移民的标志物，山、陕两地的移民也经常在鄂西北地区合建会馆，因此，当地流行的大槐树传说，正是鄂西北百姓多移民自山西和陕西的证明。

[4] 也有流传说小脚趾甲分瓣祖籍是陕西人，"谁是古槐迁来人，脱履小趾验甲形"，但是在保康以小脚趾甲分瓣祖籍来自江西的说法居多，这与当地百姓祖先多迁自江西有关。

老表"①,"河南抓"②等。每逢重大的节日,祖籍江西的保康人在祭祀的时候,会在贡品上插一根筷子,面对东南方祭拜,意为祭祀江西的先祖,筷头表示迁自江西"大栎树"。民间流传的方言词语和习俗,保留至今的传统民居、家族墓群、祠堂和以始迁祖姓氏命名的地名,以及地方志的记载一起记录着当地家族组织曾经的发展和兴盛,为我们粗略勾勒了中华人民共和国成立前保康县内的家族形态。

第一,家族代际短、规模小。保康县内户族多系明、清时代由外地拥入③。一般而言,"一个移民社会要有足够的人口建立宗族,在理论上须具备下述两个条件之一:举族迁徙或足够的世代繁衍。"④移民而来的家庭或家族,更需要足够的时间和生产资料来繁衍壮大。然而明清以来,保康县盗匪横行,兵祸甚多,百姓不堪其苦四处逃窜。明成化年间,数百万百姓苦于饥饿,在保康、房县和南漳聚集,并发起了荆襄农民

---

① "老表"也写作"佬表",是江西人对同乡的称呼,意指表兄弟姐妹关系。很多湖北人都会称江西人为老表,原因在于明末清初大批江西移民迁入湖北,成为湖北多个地区的人口主体,"老表"这一称呼也随之传来。为了表明祖籍,也为了拉近与当地江西移民后裔的距离,遂称江西人为"老表"。张国雄、梅莉《明清时期两湖移民的地理特征》在查阅了湖北省内290部家谱后得到305个家族的迁移资料,发现仅江西一省达228族,占全部外省移民的85%。资料显示湖北移民确实以江西人为主。至今民间广泛流传的"江西填湖广""湖广填四川"就是对这一现象的生动概括。
② "抓",zhuà,音译,没有对应的汉字。
③ 湖北省保康县地方志编纂委员会编:《保康县志》,北京:中国世界语出版社,1991年。
④ 庄英章:《林圯埔:一个台湾市镇的社会经济发展史》,上海:上海人民出版社,2000年。

家族文化的复兴与重构
——以油菜坡苏系家族文化建设为个案

起义,规模之大震惊朝廷;明朝末期,当地百姓又在张献忠和李自成的带领下,成立农民起义军,在保康横持戈矛,激战数年;清朝时期,红巾军和白莲教数次拥入保康,向朝廷发动了猛烈攻击;嘉庆元年,数千名百姓在保康沱峪沟人曾世新的号令下,加入白莲教,并发起声势浩大的农民起义;清朝末期,郧阳政府驻扎在保康的军队又和当地的农民起义军发生了多次激烈的战斗[①]……长期在战乱匪祸的破坏下,百姓疲于生计,人口增长十分缓慢,家族组织也发育迟缓,所以在保康县几乎没有根基深厚的世家望族,也没有庞大、复杂的单姓村落。

为了躲避战乱匪患,也为了在新的地方更好地生存,新迁入的移民总会以同姓家族为核心,聚族而居,在不断的发展中形成自然聚落。沿用至今的以始迁祖姓氏命名的地名如:"杨家湾""陈家沟口""唐家坪""余家包"[②]均见证了这种聚族而居的组团模式。但从《湖北省保康县地名志》1980年对自然村的地名普查及人口概数统计中可以看出,保康县内所形成的自然聚落人口规模小,自然村与自然村之间相距较远。除开城关镇,以当时人口密度最大的店垭、马良镇和庙

---

① 湖北省保康县地方志编纂委员会编:《保康县志》,北京:中国世界语出版社,1991年。
② 以始迁祖姓氏命名的地名显示了保康县最初的移民是以家族为居住单位,并延续了地姓结合的命名传统。但这种最初的聚居形态并未发育成庞大的家族规模,因此也没有形成一村一姓的单姓村落。这与林济、杨国安等学者讨论的湖北其他地区以"村户结构"为特征的家族村落有所不同。

坪良种场来说[①]，每个自然村的平均人数为118、100、131人（表1.3），相比于同一时期北方地区自然村落的规模来说（表1.4），自然村的数量及人数明显更小更少。

表1.3 保康县店垭、马良镇和庙坪良种场三地自然村数量及人口统计表[②]

区域	自然村落数量（个）	人口数量	100人及以上的自然村	70～99人的自然村	51～69人的自然村	50人及以下的自然村	平均自然村人数
店垭	157	18621	62	28	26	40	118
马良镇	342	34275	45	32	31	234	100
庙坪良种场	15	1978	6	1	2	6	131

---

① 《保康县志》记载，1985年，保康县内城关镇人口密度最大，其次是马良镇、店垭和庙坪良种场，每平方公里有一百余人。
② 根据《湖北省保康县地名志》整理而成。

表1.4 20世纪80年代初北方地区的村落规模[①]

地区	地形	平均每自然村人口数
吉林抚松县万良乡	长白山地	770
吉林抚松县东岗乡	长白山地	919
吉林海龙县双泉乡	低山河谷	467
吉林海龙县兴华乡	低山河谷	475
吉林挑安县永茂乡	东北平原西部	375
吉林挑安县安定乡	东北平原西部	527
吉林扶余县肖家乡	东北平原中部	1086
吉林扶余县北陶乡	东北平原中部	538
辽宁鞍山市宋子乡	辽河平原	2167
辽宁鞍山市宁远屯乡	辽河平原	2551
内蒙古呼和浩特郊区	河套平原	703
内蒙古达拉特旗白泥井乡	黄河冲积平原	358
河北尚义县	张北高原	264
河北抚宁县	沿海平原	556
河北宽城县	燕山山地	126
河北涉县	翼南丘陵	513
河北霸县	华北平原	1222
河北衡水县	华北平原	629
河北安新县	华北平原	1708
河北阜平县	太行山区	147
山东济阳县	鲁西北平原	487
山东蒙阴县	沂蒙山地	283
山东招远县	胶东丘陵	725

---

① 鲁西奇:《散村与集村:传统中国的乡村聚落形态及其演变》,《华中师范大学学报》(人文社会科学版),2013年第4期。原表为作者根据金其铭编著《中国农村聚落地理》整理而成,南京:江苏科学技术出版社,1989年。

续　表

地区	地形	平均每自然村人口数
山东长岛县	海岛	881
山东微山县	平原低丘	955
山东费县竹园乡	沂蒙山地	417
安徽萧县	皖北平原	429
安徽萧县刘套乡	黄淮平原	835
安徽亳县魏岗乡	黄淮平原	301
安徽亳县后孙湾乡	黄淮平原	282
江苏铜山县拾屯乡	黄淮平原	772
河南杞县傅集乡	黄淮平原	635
宁夏西吉县	黄土高原	156
宁夏永宁县望洪乡	宁夏平原中部	357
陕西永寿县梁子乡	黄土高原梁峁区	243
陕西合阳县路井乡	黄土高原平川区	568
陕西永寿县	黄土高原	238
甘肃武威县	河西走廊	280
陕西咸阳渭滨乡	关中平原	980
陕西咸阳钓台乡	关中平原	904

第二，家族要素简单。随着社会稳定，同一祖先所繁衍的后代人口及家族财力达到一定规模，家族组织便会突出，家族要素便会增加，家族活动便会增多。在对当地进行的田野调查中我们发现，传统时期的保康家族所遗留下来的物化要素较少。在当地老人的记忆中，家族的构成要素也颇为简单。

从现有的家族遗留物和老人们的记忆中推测，传统时期的保康家族有族长、族谱，有祭祖仪式和行辈字，同族互助较为突出，部分家族修建了祠堂，有家族墓地。起功能性作用的家族物化元素如祖先牌位、图谱、族田、义庄、私塾等

家族文化的复兴与重构
——以油菜坡苏系家族文化建设为个案

较为少见。其中，保留至今的族谱较少，大部分已经遗失。家族中的行辈字代代相传，较为普遍。为数不多的祠堂和家族墓地反而成为稀缺的家族标志。根据田野调查和全国第三次文物普查成果发现，保康目前存有一座祠堂，是位于马桥镇张湾村白红街的张氏宗祠。根据《张氏族谱》及当地老人的回忆，张氏祖上原籍为江西吉安府吉水县，在明末为躲避战乱迁来保康。祠堂修建于清同治年间。除此之外，《湖北省保康县地名志》中记载了一些以祠堂命名的地方，如李家祠堂、吴家祠堂、汤家祠堂等，可以推测至少还有一些家族修有祠堂，只是由于多重原因，有的被毁坏，有的另作他用，祠毁人散难辨原貌。

家族墓群也是传统时期保康县重要的家族元素。保康县祭祀多以墓祭为主，家族墓地和墓碑一般都较为壮观。在当地，家族墓地又叫逻围，这是保康、南漳县一带山区对家族墓地的别称，因石质围墙将墓地包绕围合成方或圆形，由此得名[①]。由保康县民间文艺工作者发现的家族墓群有：马家岭刘氏墓、周氏墓群、张氏墓群、范氏墓群、东风头汪氏墓群、杨家台墓群、姚氏墓群、朱宓鲁夫妇墓、李光文夫妇墓、吴启品夫妇墓、李永馨夫妇墓、李学桂墓、吴氏家族墓、二堂居士墓群等[②]。

---

① 冯诚、周甲禄、田建军：《南漳古寨古民居隐在深山人未识》，新华每日电讯，2008-09-23（8）。
② 孙金福：《湖北保康：大山深处的豪华古墓》，http://www.360doc.com/content/17/0615/07/30486777_663241927.shtml。

第三，分散而居的散点聚落。"聚落"，又称村落，指各种形式的人类聚居地。在古代中国，百姓大多生活在农耕聚落中，他们比邻而居、鸡犬相闻、田畴相连，构成了中国乡村生活的基本面貌。中华人民共和国成立前的保康县百姓"在各自的田地上，靠山、背风、近水处建房，独家独院"[①]，呈现出家族小聚居，不同家族大环境下杂居的状态。这种散点型移民聚落形态，与保康当地的地理特征密切相关。保康县山大林密，可供垦殖的土地多局限于山脚下和溪谷两边，且地块面积小、分隔远。外地移民进入保康县，首先考虑的问题便是生存环境是否可供发展之需。加之前往保康县的移民多为家庭移民或单身移民，他们在选择迁入地时便更具灵活性和独立性，更倾向于选择开阔的土地定居，分散于山地之间。清道光初年，严如熤在《三省边防备览》中曾对秦巴山地的居住状况进行了描述："山内村落绝少，不过就所种之地，架棚筑屋，零星散处。所称地邻，往往岭谷隔绝，即两山相望，而一上一下，动辄数里。""棚民本无定居，今年在此，明年在彼，甚至一岁之中，迁徙数处。即其已造房屋者，亦零星散处，非望衡瞻宇、比邻而居也。"道光《石泉县志》卷二《户口志》也说客民"屋宇星散，多单丁独户之家。"囿于土地资源及山区地形，小聚居、大分散、宅院相隔的散点式布局也就成为保康县最常见的聚落形态。

[①] 湖北省保康县地方志编纂委员会编：《保康县志》，北京：中国世界语出版社，1991年。

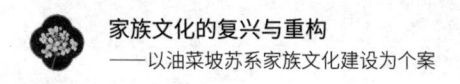

二、移民家族的发展演变

"血缘是稳固的力量，在稳定的社会中，地缘不过是血缘的投影。"① 随着历史的发展和时间的推移，保康县的移民家族也在逐渐发育壮大，修祠堂、续族谱、祭拜祖先等家族活动开始增多。但是进入新时期，尤其是自20世纪50年代末至21世纪初这相当长的时间里，起码从表面上来看，保康县的家族组织几乎绝迹，不仅家族观念淡薄，家族血缘关系也难以辨认。

在田野调查中，除了一些老人还能依稀回忆起中华人民共和国成立前的家族旧事，大部分人对"族"的概念比较模糊。移民社会的属性，加上20世纪经历的数次社会变革，保康县的家族组织遭遇了强大的冲击而转向瓦解，乡村也呈现出分散型结构特征——"村庄社会记忆缺失，社会关联较弱，农民既缺乏绵延性的祖先认同，也缺乏稳定的村庄社会价值实现体系。"② 因此，当地百姓缺乏"历史感与当地感"③，核心家庭成为百姓生活的主体，村庄中的地缘关系日益重要。相较于家族影响力强盛的其他地区，出生于分散型村庄结构中的现代保康人，他们的家族观念非常淡薄。在家族意识浓厚的地方，人一出生就自然有了家族背景，"每一个孩子，自从

---

① 费孝通：《乡土中国》，北京：人民出版社，2008年。
② 杜鹏、贺雪峰：《论中国农村分家模式的区域差异》，《社会科学研究》，2017年第3期。
③ 杨华：《隐藏的世界：农村妇女的人生归属与生命意义》，北京：中国政法大学出版社，2012年。

他懂事的时候起,就被父亲和长辈告知他(她)在家族中是第几代人(辈分),并且要求他(她)们永世不忘。因为全玉林姓蒋的人,无论他属于哪一个村子,都按相同的规矩排辈分(蒋氏第几代)。相互之间认识时首先问的就是'你属第几代',以确定相互间的称谓和亲疏程度。忘记自己的辈分会被认为是一种耻辱。"[1]在保康县,核心家庭是社会的基本单位,血缘关系的范围缩小至五服或三代以内,每个人的出生只与家庭相关联,家族与个人之间早已缺乏厚重的伦理期待。

家族形成之初,作为受封建宗法文化影响的血缘团体,聚族而居是移民的自然选择。他们依照各自在家族中的身份和地位择地而居、有序生活。然而随着时间的推移,伴随着家族组织的不断发展壮大,生存空间的负荷能力在逐渐缩小、弱化。部分支系不得不离开家族,去其他地方寻觅更好的生存空间和生活方式。中华人民共和国成立后,封建宗法制度结束,新的社会组织成为乡村主体,百姓居住地的选择依据发生了更大的改变。对家族组织的依赖让位于以家庭为主体的生产、生活的便利。尤其是改革开放和保康县1984年开始实行乡村建设规划后,一部分人为了寻求更好的生存发展空间纷纷迁往保康县城、襄阳市、当阳市、宜昌市等经济发展较好的地方,一部分留在原地的百姓根据新农村规划要求将新住宅集中修建于新开村级公路两旁。经济、交通、发展、安全、材料等成为百姓择居建房的首要考虑因素,家族观念、

---

[1] 王沪宁:《当代中国村落家族文化——对中国社会现代化的一项探索》,上海:上海人民出版社,1991年。

伦理秩序等传统宗法文化因素对聚落的迁移和布局不再有任何影响。

图1.1 店垭镇望粮山村村民沿公路呈带状居住

家族是血缘性的群体。它从血缘关系出发，将具有相同血缘关系的家族成员紧密联合在一起。家族成员通过血缘关系相互认同，相互交际。血缘本身是内在的，从外部无法体察和辨认。但家族组织、祖籍宗姓、聚族而居等外在标识形式能使血缘关系外化，变得容易分辨。然而在保康县，家族组织缺失，家族成员分散居住，祖籍宗姓成为记忆中的历史。对当地人来说，家族谱系难以辨认，血缘关系也难以体察。民间流传的"一代亲二代表三代四代认不了""爷不识孙、孙不识爷"的俗语,正是对这一现象的真实写照。

概括来说,造成保康县当前这种特殊的家族形态的原因有以下三点:

首先是生存环境的限制。保康县是襄阳市唯一一个全山区县,民间一直有"八山一水一分田"之说,山势高大、地广人稀。1960年,保康县曾对当地的土壤进行普查。结果显示,面黄土、白善土、灰包土和油沙土肥力较好,但仅占耕地总面积的44.9%,收成稳定的一级田更是仅有5.4万亩,占比8.3%[①]。狭小的生存空间和辽阔的自然空间形成了强烈的矛盾反差,加之交通闭塞,经济贫困,文化落后,生产生活条件极其艰苦。对此《保康县志》中有形象的记载:"晚清、民国时期,保康以农业为主,耕地面积人平3亩左右,稳产高产田不多,加之小农经济、传统耕作、种植粗放,习刀耕火种,广种薄收,抗灾能力差,粮食不能自给。每遇灾荒,农民以野菜、树皮充饥,大灾之年,饿殍枕藉,惨不忍睹。"[②] 保康县可谓集"老、少、边、山、贫"于一身,"穷乡僻壤""保康不康"。生存空间的局限难以承载家族的发展壮大,部分支系只能脱离家族,迁徙他处另觅良所。家族成员的分散聚居,不仅弱化了家族凝聚力,也淡化了家族认同感和家族的集体意识。

其次是社会变革的冲击。保康县是山区,是移民区,也是革命老区。历史上,保康县曾是红军的重要根据地之一,

[①] 湖北省保康县地方志编纂委员会编:《保康县志》,北京:中国世界语出版社,1991年。

[②] 同上。

后来这里也曾是附近一带政治、经济、文化活动的中心。国家意识形态对当地的高度渗透，使家族文化在数次社会变革中被消解得更为彻底。中华人民共和国成立后，"破旧俗，立新风"，"丧事从俭，一些封建习俗基本根除"，"重视'三八''五一''五四''六一''八一''十一'等节，每逢这些节日，党政机关或主管部门组织纪念活动，尤其是国庆节和传统的春节，格外隆重，城镇男女青年多在此期间办理婚事。"[1]家族文化在国家权力话语的消解下逐渐消失，由此，族人之间再无牵连，家族关系也逐渐松散，走向破裂与瓦解。

在上述两种因素的共同作用下，以血缘关系为纽带的家族组织失去了存在的物质和文化基础，而地缘关系的力量逐渐延伸，百姓自然地走向村落生活共同体，在朝夕相处中形成了互帮互助、和平共处的村落文化。

三、移民家族的地缘风俗

一般来说，村落百姓的居住形式，不仅影响着当地的风土民俗，还关系到乡村社会人情网格的建构。"每一居住形式，都为社会生活提供一个不同的背景。"[2]聚族而居的村落，血缘与地缘的高度重合使得村民即族人之间的交流更加频繁、关系更加紧密，在村落之中形成非常严密的家族组织结构。在家族散居、异姓杂居的村子，血缘关系弱化而地缘关系突出，

---

[1] 湖北省保康县地方志编纂委员会编：《保康县志》，北京：中国世界语出版社，1991年。
[2] [法]阿·德芒戎：《人文地理学问题》，北京：商务印书馆，2017年。

核心家庭成为主导结构单位，人情交往与社会组织原则则要复杂得多。贺雪峰注意到了这种由地缘和血缘匹配差异所形成的社会结构差异，他在对中国多个地区的农村社会结构进行调研后指出："中国农村村庄社会结构具有明显的区域差异，从村庄社会结构的视角看，中国农村可以分为南方、中部和北方三大区域。"[1] 从地理上看，地处鄂西北的保康县位于长江最大支流汉江的中游，正是中国的中部地区。从发展历史和村庄结构上看，保康县属于移民填充后的家族重建型地区，在生存环境、战乱匪祸及国家话语的合力挤压下，家族血缘的影响力微弱，农民呈分散的原子化状态，"这样的村庄可以称为分散型村庄，即在村庄内部缺少紧密相连的具有集体行动能力的农民集群，每个农民都是相对独立的，是原子化的，是分散的。"[2] 分散型村庄形成了以核心家庭为主导的原子化状态，家庭与村庄间缺少超越家庭的认同和中间结构。所以为了更好地应对外来冲击，增强自保和生存的能力，保康县的百姓在地缘之上更多地以异姓联姻、认干亲等方式形成了一个以亲缘关系和拟制亲缘关系为主的社会关系网络，在此之上逐渐构建了一套劳力互换和尽义务的风俗人情系统，以维持村子正常有序的生活秩序和生产秩序。

联姻是当地一种常见的社会关系网络建构方式。保康县山势高、交通不便，加之生存空间狭小，生产劳作水平极不

---

[1] 贺雪峰：《论中国农村的区域差异——村庄社会结构的视角》，《开放时代》，2012年第10期。
[2] 同上。

稳定。"地域通婚"不仅成为五方杂寓的移民"报团取暖"、共同对抗天灾人祸、增强生存能力的重要方式，也是维持村落和平共处、友好发展的重要方式。保康县的百姓多以附近村落的村民为通婚对象，通婚圈以其所在地向外发散，距离适中。随着姻亲关系的扩大，各方各地各姓的人们都被粘连进了一张巨大的人情关系网。有些地方还以联姻来存续更为长久的亲戚关系。在油菜坡遇到的一位周姓老人告诉我，从小他的父辈就教育他"苏周无二姓"。这句俗话缘起于共同生活在油菜坡的苏姓和周姓的祖辈，两姓之间的联姻使他们相互帮助、共同扶持、关系亲密，为将两家的关系永久保持，就有了这句不成文的约定。这一约定经由祖祖辈辈传递，并在子子孙孙的世代交好中不断巩固、增强，还将在未来的时间里不断延续。此外，也有因为联姻改变原住址，迁往联姻地，加入当地聚落的现象。比如油菜坡苏系家族第5代祖苏章俊，自幼与马良镇段江①下坪邹氏联姻，完成婚姻后即从油菜坡迁至段江下坪并定居繁衍。异地联姻不仅扩展了百姓的社会交往边界，也使社会关系网络呈现出更大的开放性。

除婚姻关系外，认干亲是另一种建构拟制亲缘关系的方式。不同姓氏之间相互"拜继"，即"认干亲"，接受继拜的为干爹、干妈，被收为继拜的为干儿子、干女儿。这种继拜关系虽没有像姻亲关系那么密切，但也是一种亲戚关系。在保康，认干亲一般有两种情况，一种是为了刚出生的婴儿好

---

① 段江，当地人又称断疆。在当地人口中，两者经常混用。文中两者都有出现，均指称同一个地名。

养活，所以找一个儿女兴旺的家庭认干爹干妈。或者经由算命先生指点，婴儿命中缺某物或自带灾星，那就必须要拜继干亲来化解，如果缺木则要找一棵古树、大树拜为干爹干妈，如果缺土就要找一个大石头或者崖洞拜为干爹干妈，如果婴儿命里有灾就要找一个叫花子认干爹干妈，好吃好喝养着来化解灾星。另一种是两个家庭为了增进彼此之间的感情，自愿将对方的儿女认作干儿女，来保持两家长久的亲密关系。逢年过节或生日等特殊日子，干儿子、干女儿就会在父母的带领下提上烟酒、水果或点心看望干爹干妈，干爹干妈也会热情邀请他们留下来吃饭，并且为他们准备红包。在不断的来往中，干亲也成为一种固定的亲缘关系。

由姻亲、干亲、表亲、继拜亲等形成的社会关系网笼罩着当地的农村社会，关系网格盘根错节、错综复杂。百姓之间关系亲近、往来频繁，不仅在婚丧嫁娶、寿宴、修建房屋等大事上走动密切，日常"时交月节"里也会相互做客，欢聚宴饮。长此以往，在共同的村落生活中形成了一套自然而然、约定俗成的村落习俗秩序，并以"送菜"及"换工"等"义务"式交际活动来共同维系和保持。正如《保康县志》记载："礼尚往来，是为传统。有婚娶喜庆，亲邻送菜、帮忙、送礼（赶情）。帮忙有长忙、短忙之分。帮短忙，一般一天，帮长忙，一般3天。送礼一般送物品、现金。"[①]

红白喜事，尤其是丧事，是地方上的大事，也是培育社

---

① 湖北省保康县地方志编纂委员会编：《保康县志》，北京：中国世界语出版社，1991年。

会关系的重要活动。谁家有红白喜事，无需邀请和组织，附近的人都会自发前来送菜、帮工和上人情。即使平日有摩擦和矛盾的人，在办事这天都必须放下恩怨，到场相助。"结婚了、老人了，就是'人死众人丧'，只要是老人了，哪怕吵过架，必须到场帮忙，哪怕不是本家子不沾亲不带戚，都要把一切都甩下，我们都是靠跟田块头的帮忙，你给我帮忙我给你帮忙，相互的，基本上都到场。"①"送菜"是邻友帮忙中最基本的一件事，"哪家做房子周边都要去帮忙，尽义务，搞几天，打个豆腐，给他送菜，既要去帮忙还要去送菜，背着豆腐背着菜，去给他帮忙做一天事，这种就是尽义务，不要钱。现在也是这样，老人啊，做房子啊，只要有哩就送。"②中华人民共和国成立前，人们的生活水平并不宽裕，遇到红白事几乎拿不出钱财随礼，便以菜代钱，不管是萝卜青菜、西红柿豆腐，还是鸡鸭肉蛋，都会装在一个背篓中送给办事人家，为他们的酒席增添食物，并留在这里帮忙。现在，虽然农村的生活水平大幅提高、较为宽裕，办事人家也不再缺少制作酒席的食材，但送菜的风俗至今未改，无论谁家办事，附近的邻居和亲戚也仍会送菜。

如遇红白喜事、寿宴生日或侨居新屋等大事，亲友之间不仅要送菜，还要"送人情"，也称"赶情"。送人情也就是

---

① 受访人：苏安发，受访时间：2020年12月19日，受访地点：重阳街上。"老人了"是当地方言，意思是老人去世。特别说明：本文中未标注采访人姓名的访谈资料，采访人均为笔者。
② 同上。

送礼，包括礼物、礼金和礼品。办事的人家会专门准备一个人情账簿，由账房先生统一将所有来宾送的礼录写在人情簿上，并详细标明所送礼物的名称、数量，礼金的金额。来宾也可以通过人情簿看到其他宾客送的礼。收了礼的人家，要根据人情簿在对方办事的时候回礼，也就是回人情。一般来说，回礼要在收礼的金额或物品的数量上多添一点，表示人情增厚一层。相互不走动的家户，或者已经完成一轮送礼回礼过程的叫"不欠人情"。如果欠情不还，或者收到邀请不送礼的，视为"没有人情来往"，现实生活中也不会再有往来。我国历来是极具人情传统的礼仪之邦，民间也形成了各种各样的人情关系网，人情的往来不仅是一种资源的往来，也是彼此之间互动相处的社会规范。会不会做人，或者能不能维持良好的人际关系，就与"送人情"有着密切的关系。为了创造关系或保持关系，一般都会做人情给他，使其欠人情。"在中国社会里，别人有喜事，我赠送礼物；别人有急难，我给予实质的济助，这时候，我便是'做人情'给对方。对方接受了我的礼物和济助，便欠了我的'人情'。"[1]在不断做人情、收人情和还人情中，当地人不仅释放了社会情感，完成了资源交换，也建构了人情网络。

"帮工"，也就是民间尽义务式的换工，是当地人之间一种自发自愿的行为，不记酬劳和时间。因为需要帮忙的事件时常发生，因此换工的质量和自觉度很高，每家每户都在帮

---

[1] 吴东立、谢凤杰：《农村正规风险分担机制影响了农户人情消费吗？——基于辽宁省的经验证据》，《新疆农垦经济》，2019年第1期。

忙与接受帮忙中完成相互的"换工"行为。所以，当地人也把这种帮工称作"尽义务"。帮工有帮长工和帮短工之分。帮短工一般是红白事、寿宴生日、播种收割或其他临时性事务的帮忙，时间一般是一到两天，主要是烧沏茶水、洗摘食物、打扫卫生、割谷插秧或其他琐碎事务。帮长工一般三天或更长，主要是帮忙修盖新房。在保康农村，一个人的家境是否殷实，首先体现在其房屋的数量、大小和外观等方面，所以修建房屋是农村的头等大事。流传至今的一句俗话"保康人无福，有钱就盖屋"，就充分说明当地人对房屋的重视。传统时期，由于资金和人力的短缺，单靠自家力量很难完成盖房这一项浩大工程，亲友的帮助就成为最实际也最经济的方式，互助盖屋也就成为村民之间的一项"义务"。除了长工和短工，在个体种田时期，农村还流行一种帮工方式——"打报工"，指的是某家做完事情后，该户户主会带领帮工的人，去其他需要帮忙的人家中一起干活，并且不收取任何费用[①]。诚然，帮工是村民间按照劳力等值的原则相互帮忙，是一种劳力互换行为，解决了农村劳力短缺的问题。但同时，帮工的行为也在乡村建立起一种社会关联。通过这种关联，村落百姓实现了人与人之间的交际与互动。

"拜年"也是村落中加强社会关系的一种习俗行为。拜年是中国民间的传统习俗，人们在春节期间（正月初一至正月十五），相互走动、互祝新年快乐的行为就是拜年。在当地，

---

① 湖北省保康县地方志编纂委员会编：《保康县志》，北京：中国世界语出版社，1991年。

辛苦劳作了一年的人们，会在春节期间欢聚一堂共度春节。正月初一吃过早饭后，百姓纷纷出门，相互串门、拜年，祝福对方新年快乐、身体健康、来年发大财。不仅是有血缘关系的亲属，房前屋后的邻居、关系亲近的朋友间也会相互走访拜年。且前来拜年的人要在主人家的院子里放一挂小鞭炮，主人家要赶紧迎出来回客人一挂小鞭炮。放完的鞭炮纸也不能扫来倒掉，而是要攒成一堆，谁家鞭炮纸多意味着谁家的人气最旺，来年也一定兴旺发财。晚辈给长辈拜年必须要磕响头并作揖，祝福长辈新年快乐、福寿康宁，长辈会给晚辈"压岁钱"，寓意新的一年平平安安。每个家庭也会盛情款待前来拜年的亲友。在这一特定的岁时节俗中，每个人都希望能够通过拜访、宴饮等仪式强化和巩固家族、姻亲或其他社会关系。

地缘关系的突出，将同一地方之上的百姓紧密地联结在一起，共同营造了友好、亲密的社会人情关系，"乡情"与"乡愁"已经超越了"家族"而更成为人们心中对出生地的归属。

第三节　油菜坡苏系家族的发展历史与现状

苏姓是中华民族的古老姓氏。历史上，苏姓出自妃姓，是周代昆吾后人，以封国名为氏。根据《元和姓纂》《苏洵族谱》记载，颛顼帝裔孙吴回为帝喾火正，生子陆终，陆终生樊为昆吾，至周武王，其后裔有司寇忿生，受封于苏国，后迁都于温（故城在今河南省温县西南）。其后代子孙遂以国名为氏，称为苏姓，并尊昆吾为苏姓始祖[1]。河南辉县、温县等地即为苏姓的发祥地。犬戎攻灭西周后，周天子将周朝都城迁至洛阳，苏姓为官者也一同前往洛阳定居，不断繁衍壮大成为当地的大家族。苏姓世代定居河内（今河南温县等地），到先秦时，一支支系迁徙至今湖南、湖北境内，西汉时期又有苏姓人口迁往今陕西、山东、广州等地，晋朝时苏姓人口向河北、江苏、浙江延伸，唐代苏姓进入四川、福建，北宋年间扩展至云南、台湾，清朝时已遍布全中国[2]。根据2010年第六次人口普查，目前苏姓约有564万人口，占全国人口的0.47%，位居百家姓人口排序的第41位。

在枝繁叶盛的苏系家族脉络之中，油菜坡苏系家族是其中的一个小小支系。以"油菜坡"作为这一家族的定语，主要缘由在于这是进山始祖苏必刚坟墓的坐落之地。据说，先祖苏必刚坟墓的坐落之处——油菜坡周家畈左边的山岭，也正是先祖进山之时的落脚点。当年苏必刚携妻带子来到此地，挽草为界、搭棚而居，为纪念这一重大时刻，人们便将此处称为落家岭，亦称罗家岭，意为"落脚之地"。然而，随着时间的推移和历史的发展，落家岭和罗家岭这两个地名已经从人们的现实生活中消失，成为后人遥远的记忆，而油菜坡的社会意义逐渐凸显，成为远近闻名的地理名词，因此第一届油菜坡苏系家族议事会便以先祖坟墓所在之地油菜坡来为这一支系命名。这一支系的苏姓人群也就特指苏必刚的后人。

---

[1] 苏安发主编：《苏族手册》，荆巅堂，2012年。
[2] 同上。

目前，这一支系有五百余人，以湖北省保康县为基本生活区域，主要居住于店垭镇的油菜坡、望粮山、椰榆沟、黄坪、大竹园，以及马良镇的下坪等地。

以油菜坡来为这一支系命名，不仅显示出后人对先祖苏必刚的感恩，更有对这一生存繁衍之地的感恩。油菜坡，域属店垭镇望粮山村，因满坡油菜而得名。

图1.2 开满油菜花的油菜坡　　图1.3 油菜坡苏家老屋房前的油菜花①

一、赶村而来的家庭移居

油菜坡苏系家族的进山始祖苏必刚，原籍贯属安陆府荆门州，公元1700年出生于荆门鹅公包当管土地祠，卒于乾隆十八年，即公元1753年。其妻庹氏，公元1704年出生于钟祥县泗水村苏家庄土地祠，卒于乾隆四十五年，即公元1780年。从家族规模来看，最初移居油菜坡的苏系成员只有苏必刚，其

---

① 图1.2、1.3均为保康县民间摄影家李秀林先生所拍。

妻、妾和大儿子，所以这一支系只是一个家庭规模，也就是"家庭移居"。至于苏必刚与其家人具体何年何月从荆门迁至保康县油菜坡已无从考查，只能大概推算是在公元 1710—1753 年，而这一时间段正是我国历史上人口大迁徙时期。

明清之际，保康县及其所属地湖北省，迎来了数次大规模的移民运动。移民来源广、路线复杂，不仅流入了大批山西、陕西、福建、山东、湖南等外省移民，长江流域区际间也发生了大规模人口迁徙，堪称中国封建社会后期最大规模的人口地理变化[①]。这一时期，流民大量拥入鄂东、汉江等地理位置优越和生存资源发达的平原地区。随着人口的迁徙，人口与土地的比例逐渐趋于饱和，土地开发殆尽后可供移民生存的空间缩小，接纳能力变弱。没有土地的农民为谋生计只能转向人口稀少、有待开发的鄂西北等偏远山区。与人满为患的平原地区相比，鄂西北因地理位置独特，经常处于战争中心，百姓饱受战乱匪祸之苦，人口数量增减不定，正如史料记载"汉水两岸，村舍为墟，鸡犬无闻，关市尽空。荒村深谷，残黎多夜伏丰草深林之中。加之水旱频仍，灾异叠见，户口凋敝，十不过二三"。加之山高路远、交通不便，赋役负担较轻且土著极少，到处是可供开垦的荒地。为缓解鄂东、鄂东南等人口密集地区的人地矛盾，也为恢复鄂西北地区的人口和经济、文化的发展，清廷采取了各项措施吸引移民前来耕荒垦地、迁徙定居。在宽松的徭役政策和宽阔的自

[①] 张国雄、梅莉：《明清时期两湖移民的地理特征》，《中国历史地理论丛》，1991 年第 4 期。

然空间的诱惑下，不止外省移民，本省多地百姓也携家带口迁往鄂西北。大批移民的到来迅速填充了鄂西北地区的人口，郧县地区康熙年间仅2507人，乾隆三十七年（1772年）增加到75010人。保康县弘治十一年（1498年）到康熙三十八年（1699年）201年间，人口仅增长1738人。而在一百多年后的嘉庆九年（1804年）人口增长了12994人。《竹溪县志》也记载了这一时期的人口变化："陕西之民五，江西之民四，山东河南之民二，土著之民二，今则四川江南山西广东湖南本省武昌黄州安陆荆襄之人亦多入籍。"①"今则四川、江南、山西、广东、湖南、本省武昌、黄州、安陆、荆襄之人多入籍，亲戚族堂，因缘接踵，聚族于斯。"②民国二十九年（1940年）的《保康县志》也记录了保康当时的移民来源，指明迁徙而来的8姓11个氏族中有7族就迁自本省其他地区③。

在民间，人们将这一场由人口饱和区迁往地旷人稀的山区的行为称作"赶村"，油菜坡苏系家族就是"赶村"而来。油菜坡苏系家族的老人告诉我："我们苏家是乾隆年间'赶村'赶来油菜坡的，一是因为战乱，二是平原人口饱和了，要来这边种地，免得饿死。'赶村'就是那边人多地少，这边人少地多，就带起家人过来了。"④"乾隆年间，我们的老祖宗苏必

---

① 竹溪县志编纂委员会编辑：《竹溪县志》，竹溪县印刷厂，1992年。
② 同上。
③ 资料来源于《保康县志》中的一张散页。此版为民国二十九年（1940年）的手抄版，内容不全，现保存于保康县人民政府史志办公室。
④ 受访人：苏天铨，受访时间：2020年10月31日，受访地点：苏天铨先生家中。

刚挽草为界来到油菜坡。在没有人居住的条件下，苏必刚先生从荆门钟祥迁到油菜坡。这里那时候没有人住，来了后就繁衍、生息。"①

赶村而来的油菜坡苏系家族，在油菜坡上看好方位，便以"挽草为界"的方式划定了生活区域。"挽草为界"又称"挽草为记"，是保康县最先到达一处空旷之地的移民用来划分土地归属和边界的方式。"因为这里之前没有人，地方比较空旷，大家来了后就挽草疙瘩，挽了这个地界就是你的。旁人又在别处挽草疙瘩。大家都用挽草的方式划地界。"②在《湖北省保康县地名志》中也保留了早些时期移民挽草为界而留在地名中的印记，比如："刘划冲，处山冲。早年，刘姓迁此并划地界，此冲归刘姓，故名。"③早期的油菜坡只有苏姓一家，很多年后陆续有王姓、周姓迁入，苏氏家族的单一性不复存在。但是历经大半个世纪，苏姓仍是该地的大姓。据当地周姓老人介绍，油菜坡上以苏姓人口居多，占90%以上。王姓次之，周姓最少。三家之间一直互帮互助、关系较好。苏周两姓因为关系更为亲密、好若一家，两家之间素有"苏周无二姓"的说法④。

---

① 受访人：苏安发，受访时间：2010年10月31日，受访地点：苏安发先生家中。
② 受访人：苏安发，受访时间：2010年10月31日，受访地点：苏安发家中。
③ 保康县地名领导小组办公室编：《湖北省保康县地名志》，保康县印刷厂，1984年。
④ 受访人：周显华，油菜坡村民小组组长。受访时间：2010年11月3日，受访地点：苏顺良家中。

二、繁衍谱系及结构特征

从进山始祖苏必刚诞生至今，油菜坡苏系家族已经有了三百多年的繁衍历史。到 2012 年底，共孕育了十二代后人、一千三百余人。由于没有族谱或议事簿传承下来，这一支系的姓氏源流、家族迁徙、世系图录、人物事迹、风俗人情等均已无从知晓。对此一位苏系族人不无遗憾地告诉我：我们苏家比较可惜的是上头没有一本族谱留下来。曾经有一本家族议事簿，但是后来弄丢了。根据现有的资料，五代以前的繁衍谱系难得弄清。到目前为止，只根据"派"和碑文考证出了苏万兴和苏万忠上头五代的传承关系，其他的分支都无从查起。我们现在编的这一本族谱，只能从万字派开始编起①。

"派"是家族内部用以标明辈分关系的一套符号系统，家族清晰的传承路径就依此而来，所以很多家族早在修谱之时就已经排定了长远的辈字②。传统时期，每位族人名字中的第二个字象征着他的辈分，必须严格沿用派。第三个字则由各户自由拟定。因此，名字不仅是一个人的社会符号，也反映了其所属的家族和血缘关系。同一家族的人依据名字的第二个字就能确定彼此的辈分，以及自己待人的态度。所以，"中国的姓名系统是旧时维持秩序和标志秩序的重要一环"③，按

---

① 受访人：苏安发，受访时间：2010 年 11 月 3 日，受访地点：苏家文化广场。
② 派又称字派、字辈，是中国家族传承已久的重要取名方式，也是族人在家族内部辈分关系的标志。在油菜坡苏系家族，三者都有使用。
③ 王沪宁：《当代中国村落家族文化——对中国社会现代化的一项探索》，上海：上海人民出版社，1991 年。

家族文化的复兴与重构
——以油菜坡苏系家族文化建设为个案

派取名字已经成为严格的、人化了的秩序。油菜坡苏系家族代际之间的派依次为：必、正、德、成、章、万、国、安、天、顺、宏、开、文、明、仕、永、远、富、家、邦。根据先祖的派和碑文的记载，苏系族人梳理出了油菜坡这一支系十二代后人的家族谱系①。但由于资料的缺乏，前五代祖只有名字，他们之间的具体关系已无法详考。从第六代开始，逐渐有了清晰的传承谱系。但由于多种原因，三十三位第六代祖中只有九位名下传有后人，另外二十四位均无后人记载。这九位第六代祖分别是苏万兴、苏万成、苏万清、苏万发、苏万儒、苏万忠、苏万千、苏万林和苏万卷。九位先祖的后人也都以各自支系为单位集中居住，其中苏万兴支系居住于油菜坡杨家屋场，苏万清、苏万发、苏万儒三个支系居住于油菜坡苏家老屋，苏万成支系居住于公溪沟大竹园，苏万忠支系居住于油菜坡湾子，苏万千支系居住于油菜坡苏家院子，苏万林支系居住于油菜坡金家垴，苏万卷支系因其父苏章俊自幼与段江下坪邹氏联姻，遂从油菜坡迁往下坪，这一支系的后人便世代居住于下坪。

据苏姓族人介绍，"最开始苏必刚在落家岭落脚后，大家聚族而居，都生活在一起。后面慢慢地，家族人口多了，地不够种了，房子不够盖了，有些支系不得不从大家族中脱离

---

① 据族人苏红芳介绍，由于早些年户口簿为人工手填，后期换成电脑打印时，有些族人名字中的"宏"字填写错误，误填成鸿、洪、红等同音字。因此，宏字辈苏族人姓名中表辈分的"宏"字并不完全统一为"宏"。下文中苏红芳、苏红武等人均为宏字辈。

出来，另外找地方住。保康这地方山大山多，有句老话说'上山云里钻，下山到深涧，对面叫得应，靠拢要半天'，但是平地少，能种地的少。人要生存就要有地，人多了就没得地种了，就要出去，但是具体从哪一代开始分出去的不清楚，从碑上可以看到到第六代祖的时候已经不是都在原来油菜坡的老去处了。"① 当油菜坡上狭小的地理空间难以承载不断壮大的油菜坡苏系家族继续世代聚居，部分族人开始以支系为单位迁往油菜坡附近区域重新生活，九大支系也就如上所述分属不同区域。随着时代的发展，出于对工作、学习，或对经济、教育的追求，部分族人迁徙的步伐逐渐迈向更远的保康县城、襄阳市、宜昌市、武汉市及省外等发达区域，但大部分族人仍留居保康，集中于店垭、马良两镇。截至2012年九大支系已繁衍至第十二代，现有族人五百余人，留居油菜坡上的仅有三十四位族人。

根据油菜坡苏系家族2012年续修族谱时统计的数据，我们可以看出当前族人们的年龄结构、家庭结构和文化、职业特征。首先，从年龄结构上来看，油菜坡苏系家族呈现出老人少，中、青年人多而儿童少的特点。在实际生活中，表现为由一家多子向逐代单传的趋势发展。以油菜坡苏系家族后人数量最多的苏万兴支系为例，第六代祖苏万兴生育一个儿子，即第七代祖苏国湖。第八代安字派有九位族人，第九代天字派有十五位族人，第十代顺字派有三十三位族人，第

---

① 受访人：苏天铨，受访时间：2020年10月31日，受访地点：苏天铨家中。

十一代宏字派有二十七位族人，第十二代开字派有八位族人。第七代至第九代的人口繁衍表现为等比级数，每个家庭基本生育多个子女，从第十一代开始人口繁衍规模逐渐缩减，十二代时基本已是其家庭的独生子女，这一现象正是国家实施计划生育基本国策对家庭人口规模的影响。近年来，国家开放二孩政策后，家庭规模又逐渐向一家四口的模式过渡。

其次，从苏系族人的年龄结构和各辈分人口数量统计中我们也可以看出，当前的家庭成员规模为父母——多个子女——小孩。但由于居住形态的分散和血缘关系的松散，大家庭式的生活结构失去了支撑，反而为家庭和个人的独立自主发展提供了充足的养分和空间，于是形成了油菜坡苏系家族内部以核心家庭为行动单位的结构特征。一方面，分散的居住形式，淡化了家族与族人之间厚重的伦理规约。当代的苏系族人不再以家族相称，更多地表现出以核心家庭为行动单位，家庭结构由传统时期的宝塔式转向新时期的并列式：

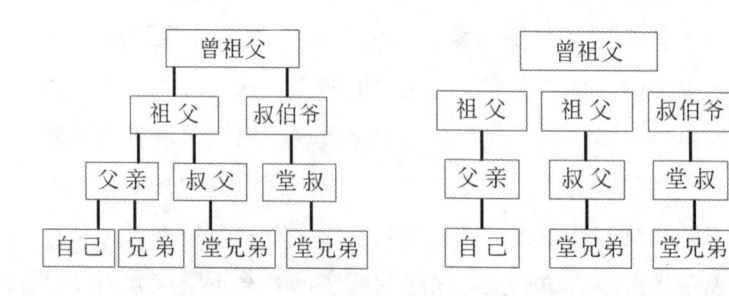

图1.4 传统时期宝塔式家族结构　　图1.5 新时期并列式家庭结构

另一方面，松散的居住形态瓦解了父系权威树立所必要的组织和文化基础，权威的缺失和血缘关系的松散同样弱化了父辈和子辈之间的伦理期待。有多个儿子的家庭，儿子在成年结婚后，便会与父母协商分家，根据自己的意愿和想法构建自己的核心家庭，表现出"生活单位的分离，形成'各过各的日子'的独立状态"[①]。分家的仪式比较简单，"屋里好几个儿子的会分家，一般都是父母把东西按照儿子的数量分一下。有存款啊有债务啊，按照弟兄几个数量来分。有的不养父母的就给钱，或者家产要少点。按大人的意愿来看跟哪个儿子，父母选子女，他愿意跟哪个就跟哪个。早点各成各的人家，都娶老婆了，分家了过自己的日子。不然大人很难管理。有的打工挣十万，但是不会交十万，有的挣一万，这都不好说，分家了就各管自己。"[②]总的来说，由于家族组织的缺失，家族内部也没有发育出超越家庭的中间结构，以核心家庭为行动单位成为当下油菜坡苏系家族内部最基本的结构形态。

第三，从续修的族谱数据中很难看出油菜坡苏系族人的文化水平和文化结构，但据苏族老人介绍，油菜坡苏系家族一直有尊师重教和耕读传家的传统。中华人民共和国成立前族人受教育的水平有限，但家族教化始终处于家族活动的首位。"我们苏家人非常重视教育，讲礼性也讲理性，虽然油菜

[①] 杜鹏、贺雪峰：《论中国农村分家模式的区域差异》，《社会科学研究》，2017年第3期。
[②] 受访人：苏安发，受访时间：2020年12月19日，受访地点：重阳街上。

坡苏姓没出过几个做大官的，但并不妨碍我们这个家族在当地树立的好名声、好声望。因为重视教育，尊重文化，讲究道理，所以我们的族人个个忠厚正派。而且因为讲理性，我们苏家人出了好几个远近闻名的知客先生。在七七年恢复高考的时候，保康县一共考上四个大学生，其中有两个都是我们油菜坡的。"[①] 尊师重教的传统和对知识的重视，在油菜坡苏系家族中形成了积极的文化氛围，不仅影响到族人的教育观念，培育了多名本科生、硕士研究生，还有出国留学的博士研究生，也影响到家族成员的职业结构，除了部分从事农业生产的农民，相当一部分族人从事着非农产业，职业上大体有在县政府、教委纪工委、广电局、文体局、粮食局、外贸局等国家事业单位工作的干部职工，有在供销社任职的干部，有医生、护士、电工技师，有初、高中教师、教务主任，有大学教授，有国家一级作家，有杂志社主编、社长，也有企业家、公司老板。总体来说，苏系族人的职业远远超出了传统的自然经济范围，多为需要一定文化知识和专业能力的行业。

也正因为如此，在保康县家族文化复兴现象中，油菜坡苏系家族第一个将传统家族文化中优秀合理的成分进行现代化改造和创造性重铸，使其不仅成为传统文化的传承和亲情的延续途径，也成为为当代文化建构提供有益助力和补充的民间文化。

---

① 受访人：苏安发，受访时间：2020年10月31日，受访地点：苏安发家中。

三、油菜坡苏系家族的族间交往

从历时角度来看,家族观念虽已消散,但是血缘关系这种割舍不断的天然纽带也会在人的潜意识中释放亲近的本能,家族意识便以某种不易察觉的形态潜存于族人的言行之中,形成了在当下现实生活中,发挥着微弱又切实的效用而又一直处于流动状态中的礼俗习惯。这种礼俗习惯包括了族人相互之间的礼仪、交往、合作、互助,也体现在丧葬、婚嫁、生小孩、生日等多种风俗活动中。

2012年续修族谱之前,"家族"是无人提及的历史名词,如果族人间同属一个祖父的后人,会称彼此是"我们是一个老太爷下面的",或者说"我们是一个家门的"。但由于各支系之间居住得比较分散,血缘关系难以体察,族人之间的走动也仅局限于同一支系的近亲,甚至范围更窄的直系亲人,"爷孙互不相识"的场面时有发生。一位目前辈分最高的苏姓族人告诉我,他曾经就因为晚辈不认识他而将他当作客人的事情:"苏家陵园竣工的那天,我也去参加了竣工仪式,苏顺刚在安排座位,把我安排到了嘉宾席。我说这不对呀,我是苏家安字派,你是顺字派,咋说你也要喊我一声爷,咋会把我安排在嘉宾席嘞?然后他马上把我座位换过来,后面我们又一起吃了一顿饭把这个血缘谱系搞清楚。"[1] 虽然外在的血缘关系难以辨认,但一旦知道对方与自己同属一个进山老祖,也会格外惊喜和热情。即使当地有"远亲不如近邻"的说法,

---

[1] 受访人:苏安发,受访时间:2020年10月30日,受访地点:苏安发家中。

但只要有远亲，再远还是会生出心理意义上的亲近感，"我有个堂姐，小时候我们一起长大的，头二十年她嫁到了万年山，离我们这里差不多十几里路，坐车都得半个多小时。去年她过四十八，我们都还去了的，虽然住得远，但是像娃子结婚啊，过生啊这些我们都还是要去哈。"①"我们在黄陂有一个姨妈，她在那里住了好多年了，我们也是好长时间没见，前几年听说她生病了，我们还专门开车到黄陂去看她。再远我们都还是要去哈儿。"②（黄陂隶属于武汉市，距离保康县约366公里）

辈分是家族内部用以确定等级秩序的标志，虽然族人间不再有强烈的家族意识，但在已知的亲缘关系中仍然很看重辈分和礼节。油菜坡苏系家族议事会会长苏安发，属安字派，是目前家族中辈分最高的族人。他生于1956年，许多族人都比他年龄大，但只要见到他仍然以辈分来尊敬他："在我们苏家，从来不讲五服，只要是我们苏姓人，都是一家人。我们讲辈分，但是不讲人格高低。就像我，是现在苏家辈分最高的人，但是我并不是年龄最长的，比我年纪大，但是辈分没得我高的，见到我仍然要恭恭敬敬地喊一声'发爷'，哪怕他已经七老八十，辈分在礼节就要在。"③"我们现在的会长就是

---

① 受访人：苏顺芝，受访时间：2021年4月3日，受访地点：苏系家族文化广场。
② 受访人：苏红武，受访时间：2020年12月19日，受访地点：重阳街上。
③ 受访人：苏安发，受访时间：2020年10月30日，受访地点：去往苏家文化广场的路上。

我们家族辈分最高的人，我六十五，年纪比他大，但是辈分没得他高，只要他一来，我都得恭恭敬敬地站着，手里作揖，喊他一声'发爷'！"①笔者在田野调查中，一直很受苏会长的照顾，多次由苏会长开车载我去各位族人家中访谈，亲眼看见族人对苏会长的尊敬。其中有一位将近八十的天字辈老人，看见会长后马上颤颤巍巍地站起来，双手合拳，拱手作揖，口中连叫"什么风把发叔吹来了？"并赶紧招呼儿子儿媳为苏会长倒茶递烟。

这种对辈分的尊敬和重视，不仅体现在对健在的族人讲究礼节，对已故的长辈也会讲究规矩。每逢清明节，油菜坡苏系族人都会在爷辈、父辈的带领下去给已逝的长辈"插清上坟"，即在坟前摆放祭品、燃烧纸钱、鞭炮，叩拜祖先。上坟的同时还要在坟上插"清明吊"，并将几张纸钱叠在一起压在坟墓上"压纸钱"，走之前还会摆放一盏点亮的煤油灯称为"送亮"，现在煤油灯已被电子灯代替。过年前晚辈也要来长辈坟前烧纸"送亮"。晚辈要磕头，一边烧纸一边大声喊去世亲人的称谓说："我来给您送钱了，您快来收钱。"也有关系亲近的族人相互约着一起给祖宗烧纸上香，只要知道长辈坟墓所在位置的都会过去逐一烧纸。上坟和插清仪式不仅表现出对已故亲人在家族谱系中位置的铭记，也是对自己在家族序列中位置的确定。它使家族拥有清晰的代际关系，也使传统人伦等级思想逐代传递。

---

① 受访人：苏顺恭，受访时间：2020年11月1日，受访地点：苏顺恭家中。

家族文化的复兴与重构
——以油菜坡苏系家族文化建设为个案

葬礼也是最能展示族人间辈分观念和血缘关系的场合。中华人民共和国成立前,一般族人去世,会发讣告告知亲朋好友。收敛入棺后,在家中堂屋设灵堂,所有孝子即直系晚辈必须到场,身穿孝服、头扎孝手巾,对前来吊唁的宾客行礼叩首。晚上还有锣鼓班子在灵堂敲锣打鼓,孝子要拿着香一边唱孝歌一边围着灵柩转圈,直到天亮,这种仪式称为守夜。安葬之日,亲友送葬。葬后三日,亲人要来坟前添土祭奠,称为"圆坟"。每满"五七""百日""周年",亲人都要举行悼念活动。家人要为死者守孝三年,还要为死者"供饭",春节也不能贴红对联,按照传统第一年对联应为白色,第二年绿色,第三年才能贴红色。还要为死者制作"灵屋""灵牌",三年孝期满后才能"除灵",要请道士来念经做法,超度亡灵,最后还要为亡者树碑立传。中华人民共和国成立后,一些迷信被破除,封建习俗也被禁止,但是民间"礼尚往来"和"人死众家丧"的传统一直保留,持续至今日。"白事只要是本家子的人,都到场,辈分最高的还要送一班子喇叭。晚辈要戴孝手巾,不论是姑老表、舅老表、姨老表那一方的,都要带。夜间每个戴孝的晚辈还要点一炷香绕着棺木走,等香快要燃完了就插在香炉里面。白事还要守夜,守夜的几乎都是最亲的,三亲六戚都在。"[①]

生辰,在保康民间又叫"过生",庆祝生辰称作"做生"。过生的一般多为婴童或花甲老人。婴儿出生后满了一年,一

---

① 受访人:苏安发,受访时间:2020 年 12 月 19 日,受访地点:苏家文化广场。

般都要举行周岁宴予以庆祝。生日当天，至亲都会前往祝福，族中长辈要发红包祝小孩健康成长。花甲老人过生日更为隆重，子女必须操办。晚辈都要到场帮忙，或烧茶倒水，或洗菜择菜，或放鞭递烟，不能借故不来。亲友往往送烟酒、点心、礼金，或送寿联、挂寿匾、放鞭炮表示庆贺。经济宽裕的亲友还会请唢呐班子到场吹唱，前前后后热闹两三天。而且，过生还有一个讲究，即父母健在，晚辈不得庆祝生日，意为遵守辈分规矩。近年来，这一规矩不再具有效用，年轻人也在生日之时，邀请至亲好友共同庆贺。生日逐渐成为联络感情、聚会亲友的日子。

油菜坡苏系族人在日常生活场景中表现出来的交际行为和仪式活动，体现出家族观念在其中所发挥的隐性、微弱又切实的功用。这种流动不居的意识想法，来自祖祖辈辈所秉持的传统观念，以及言传身教的依规重礼的氛围，对苏系族人尊重秩序、遵守传统、遵照人伦的处事方式产生了潜移默化的教化和影响，也为油菜坡苏系家族文化复兴奠定了一定的心理基础。

第二章　家族文化的复兴历程

　　家族是中国传统社会的基本结构，是农村社会的古老组织。传统时期，人们以家族为生存依靠和情感归属，逐渐形成了血缘关系下，以敬宗收族为习俗目的，以宗法制度为秩序本位，以传统文化为道德规范内核的家族文化。随着历史的不断发展，家族文化渗透进百姓生活的各个方面，不仅满足了他们对自身归属感、情感、历史感、道德感等多重本体性需求的追寻，还在维持乡村秩序、稳定社会结构等方面承担着不可替代的作用。家族文化对中国社会影响深刻，它构成了百姓生活的一个重要层面，展示着乡土社会的基本特质。因此即使家族组织在历史上几经变革，但家族文化仍然以顽强的生命力在中国连绵不断地存续至今。

　　历史上，在经历了传统时期的鼎盛后，家族逐渐转向近代后的衰败、中华人民共和国成立后的"销声匿迹"及改革开放后的复兴。具体来说，近代社会以来，随着商品经济的发展，新文化的传播和现代化进程的推移，家族赖以依存的政治、经济、文化基础被动摇，家族体制与家族文化受到了剧烈冲击。中华人民共和国成立后，家族文化的生存环境发生变化，"有形空间"被毁损，"作为一种有完备的组织系统、完善的组织形式、严格的组织机构、严密的组织形态的一种制度文化已不复存在。"[1] 20世纪80年代，改革开放的春风吹向全国各地，推进了农村社会的政治经济文化改革。宽松的社会政治环境及各种风俗传统复归民间，唤醒了深埋于人们内心的家族意识，家族文化开始出现复兴趋势。不仅家族历史久远的南方地区家族文化复兴势头猛烈，家族意识相对淡薄的长江流域和北方地区也开始燃起了家族文化复兴的点点星火。这场家族文化的"复兴潮"与"回流潮"迅速蔓延，于20世纪90年代达到高潮，并持续至今。

第一节 油菜坡苏系家族文化的历史形态

在延绵不息的历史长河中，家族文化在中国经历了由繁荣转向衰败直至瓦解后又复兴的历程。油菜坡苏系家族文化也大致经历了上述几段过程，我们将之在复兴前的历史阶段概括为传统时期、断裂时期和过渡时期。三个时期并没有必然的明确分界线，只是以家族文化的特征大致区分。由于油菜坡苏系家族与油菜坡的历史大致重叠于乾隆年间，因此本节对油菜坡苏系家族文化发展历史的阐述，就主要集中于油菜坡苏系家族进山始祖苏必刚落户油菜坡之后。

一、传统时期

传统时期，主要指1949年前的传统社会时期。这一时期

---

[1] 疏仁华：《论现代化进程中农村家族文化的变异与社会趋同》，《江淮论坛》，2007年第5期。

家族文化的复兴与重构
——以油菜坡苏系家族文化建设为个案

由于"皇权不下县",国家权力的最低一级只触及县域,县级以下的区域由宗族和乡绅进行治理,正所谓"国权不下县,县下惟宗族,宗族皆自治,自治靠伦理,伦理造乡绅。"[①]家族在"皇权不下县"的乡村政治中占据着主导地位,它以一套严格、复杂的家族宗法文化来规约和管理族人,在族长、祠堂、族产和族谱形成的"有系统的权力"中达到敬宗收族的目的。

保康县是典型的移民家族重建地区,油菜坡苏系家族就是其中一族。历史上,由于地理位置的独特性,保康县屡受战乱影响,家族的发展与壮大遭受了冲击与阻滞。移民形成的新家族呈现出家族规模小、代际短、要素少、族产弱等特征,家族结构也弱于其他地区典型的家族结构。但随着时间的推移和家族的世代繁衍,油菜坡苏系家族也逐渐形成一定的规模,开始选举族长,购买族田,修建宗祠,修撰族谱,举办清明会等家族活动,并形成了一套"以血缘关系为纽带而形成的家族关系及由它产生的种种体制、行为、观念和各种心态的总和"[②]。遗憾的是,油菜坡苏系家族的族谱早已失散,仅存的一本《议事簿》也遗失,与家族历史相关的文字资料荡然无存。我们在采访了几位年长和熟悉家族事务的苏系族人后,从他们的记忆片段中对传统时期的油菜坡苏系家族文化有了大概的勾勒:

[①] 秦晖:《传统十论——本土社会的制度、文化及其变革》,上海:复旦大学出版社,2003年。
[②] 钱穆:《中国文化史导论》,北京:商务印书馆,1994年。

第二章 家族文化的复兴历程

苏天铨：我们的老祖宗叫苏必刚，乾隆的时候赶村从荆门到这边的。他挽草为界来到这儿，取名字叫落家岭。后面慢慢发达了，在落家岭旁边买了一块地做清明会上福利用的，每两年开一次清明会。收了租子，一年用来管理家族，一年用来开清明会，一年一开没得钱。大家不用捐钱，都是靠老祖宗买的这块地，买的一方水田，租给人家种，你给我种田都得给我钱，在那里收租子，收了开清明会。我那会也没得几岁，建立中华人民共和国时我才14岁，那时候我也还小，小的时候我参加过几回清明会，清明会上也是很严，苏家的子孙后代，哪一家有不孝顺的，清明会上就要挨批评，那时候讲武嘛，就是挨打。直接打，板子直接打，清明会上有族长嘛，族长权力最大，族长派人打，被打的人有错，不行孝，这是第一个，再一个，在地方上为人不行，好吃懒做、偷偷摸摸这样的人，爱占小便宜。坏事惩罚，好事情也表扬。原来在清明会上我记得，对大人不孝顺的啊，也打过，在清明会上，那时候叫族长，几个在一起研究，哪一个哪一个在屋里忤逆老辈子，做啥事，啥事都搞得清楚，有两个板子，两个人站在两旁，一进门，就跪在那里还烧纸撒，给祖宗烧纸，祖宗牌子供在那里，族长就说他犯的是个啥事。我记得那也是我很小的时候，大人把我引去（带去），一排一排、一辈一辈人跪在那里，上头的人跪在前头，下辈的人跪在后头，我记得那一年，我们家，我们那个族的，有一个人，国字派的，还是我的爷那一辈的，当然不是亲的，又是一个支系，对他用家法,打他巴掌,我看见了。平时犯的事情都集中在清明会一天惩罚。原来会上,祠堂是一个大房子,真是哪个犯了狠事,就像不孝顺、偷盗的,在地方上为人不行的,还要打个碑在那里竖着,用石头打个碑,上面写犯啥错。竖在那里让大家看,起一种警示作用。旧社会不让女性参加家族活动。

苏安发:我的爷爷叫苏万卷,以前就当过我们家族的族长,过去家族管得很严,吃喝嫖赌、坑蒙拐骗、忤逆不孝的人,在清明会上就会选出几个典型来,要用家法,族长可以施行族法,打这个人,还要把罪行刻在碑上,立一块碑让大家引以为戒。严重的还要拉到祖坟,用绳子勒死。不孝顺父母的就要让晚辈来打,也会让小孩去打忤逆不孝的人的脸,打得不疼,主要是"打脸",让他没有面子,目的是教育家族的人要守规矩、要孝敬老人。家族发展必须要有家法族规,过去没有法律的基础上,就是靠家族来管理。不能走歪路,这是过去的教育。过去规矩很严,家法传统严,必须要遵纪守法,所以只要提到我们苏姓,周围的人都知道严格守法,守辈分。就像我,我今年65岁,年纪不是最长的,但是我是我们家族辈分最高的,比我年纪大,但是辈分没得我高的,见到我仍然要恭恭敬敬地喊一声"发爷""发叔",哪怕他已经七老八十,辈分在礼节就要在。我们这边有一句话叫"一辈管一辈",要严格遵守辈分,也是一种"孝文化"。

苏天翠:那时候困难,清明会上就把大家都弄来,吃呀、喝呀、玩呀、乐呀的都有。小时候清明会就是去吃吃喝喝，玩的都有。以前有不团结的，就要让大家团结，维护好关系，团结致富。不孝顺的，就要批评，当场批评，当场教育。听大人们说，那时候家法严，风气好。之前有一块族田，包给别人种，得来的租钱用于开清明会，但是经济并不好，只能两年一开，一年一收租用于日常开销，第二年的收租大家开清明会，吃清明，救济穷人。

苏安菊：我爷爷原来是族长，听他说起过，以前开清明会严得很，不听话的、忤逆不孝的、品德差的，清明会上族长就要批评他、打他。以前我们的祠堂外面还有立的碑，上面刻着我们家族的律例和族规。

从族人的记忆中我们可以得知，传统时期的油菜坡苏系家族，有着严格的族法、族规，族人以家族为认同和行动单位，在家族的管理和教化中严守自己的本分和位置，接受家族的福利，也接受家族的管束、裁决。具体来说如下：第一，从家族结构上来看，虽然没有形成较大的规模，也没有雄厚的家族财产，但仍然有族长、族田、祠堂、族谱、族训等家族基本要素。族人聚族而居，以行辈字派来标示辈分，以长幼尊卑来维持秩序，以伦理道德来规范行为。族长拥有最高的权力和权威，是族法和族规的制定者与执行者，掌管着家族内部的一切事务甚至包括族人的生杀大权。第二，有严格的族法、族规，赏罚分明、恩威并重，对一切品行不端、行事不正的族人予以严厉的惩罚，形成了明理遵纪的淳朴家族氛围。严厉的家法，严明的家风，正派的族人，正气的言行成为油菜坡苏系家族世代相传的精神传家宝，也是历经多年仍被后人怀念并试图再续的优秀家族文化。第三，注重家庭伦理，重视家族教育，讲究孝顺父母、团结手足、和睦友邻、和谐夫妻、严于律己、长幼有序等传统，其所倡导的家族教育在约束族人言行、协调族人关系、维持和谐友邻等方面发挥着重要的作用，并通过代际传承，将家族伦理道德规范和行为方式延续至每一位后人，并在当下的油菜坡苏系家族中仍然发挥着一定的作用。第四，家族功能多样，承担着保护族人、绵延后代、教化族众、传承文化等功能。

二、断裂时期

断裂时期指的是从中华人民共和国成立到改革开放前。这一时期的家族文化从表面上看仿佛戛然而止，与前后阶段呈断裂状态。

在保康县，家族文化遭受了严重的冲击。历史上，保康县有着光荣的革命历史。中华人民共和国成立前，保康县是共产党、青年团的重要战场和根据地，中华人民共和国成立后先后设立了多个政治、文化中心，积极开展革命运动和各项爱祖国、爱家乡的教育。整个保康县处于思想高度统一的状态。加之保康县属五方杂寓的移民家族重建地区，受近代战乱匪祸的影响，移民家族普遍呈现出规模小、代际短、家族社会影响力弱的特点。在各项社会变革的猛烈冲击下，保康县与家族文化相关的物质要素和文化符号几乎全然消失，家族组织和家族文化也被彻底消解。

在我们的采访中,有些老人对我们问起这一时期的家族情况表现出紧张和谨慎,在族人们的记忆中,土地改革将家族的族产——一块水田改给了贫下中农李忠树,祠堂被没收分给了村民居住,家族活动被禁止,家族组织失去了意义和功能,家族文化也失去了依存的物质和文化基础,家族形态转向隐匿。

三、过渡时期

过渡时期指的是改革开放后至油菜坡苏系家族2012年举办家族清明大会前。这一时期的油菜坡苏系家族文化呈现出安静、潜隐的状态。从表面上看,似乎毫无动静,没有家族组织,没有家族活动,族人之间也不再以"家族"相称。甚至在松散的血缘关系和分散的居住形式下,"爷不识孙、孙不识爷""一家人不认识一家人"的现象也时常发生。但是,"文化具有很强的延绵性和历时性,它一旦形成就会被其固有的观念、习惯、规范、行为模式所巩固和强化,从而显示出超凡的稳定性。"[①]即使家族文化的外显性物质符号被摧毁,作为一种文化意识的家族文化只是受到压抑而难以外显,并没有断然消失。部分潜存的家族文化仍以难以察觉的形式影响着人们的言行,传统时期的家族教化和家庭教育通过族人的言传身教,在代际传承中也部分形塑了族人的为人处世方式和行事品格。

---

① 陈勋:《村落家族文化公共空间的嬗变》,《经济与社会发展》,2004年第3期。

家族文化的复兴与重构
——以油菜坡苏系家族文化建设为个案

陈勋曾将这一时期的家族文化特征概括为，有形空间的崩溃和无形空间的延续、再生与扩张。他认为，原初意义上的家族文化可以大致分为制度和意识两个层面，以族谱、族长、祠堂等要素构成的严格的制度化内容是家族文化的有形公共空间，家族观念与家族意识构成了家族文化的无形公共空间。在经历了中华人民共和国成立后的社会改革，家族文化的有形公共空间在一定意义上被消解，而无形公共空间却在顽强地延续、再生与扩张[1]。这种家族文化的无形公共空间的延续表现为亲缘关系基础上的密切来往和部分家族观念的持续保留。

首先，家族是以血缘关系为纽带的共同体，血缘关系是一种无法割舍和难以回避的天然力量。即使家族组织被离散，家族势力被摧毁，家族文化被消解，但以血缘关系相连接的传承与繁衍仍在不断继续，人们依然以相应的亲属称谓来指称彼此的亲属和辈分关系。不仅如此，人们在地缘关系之上，以姻亲、干亲、继拜亲、表亲等拟制亲缘关系和泛亲缘关系建立了更为广泛的亲缘关系网络，不仅婚丧嫁娶、老人寿宴、夫妻得子、盖房搬家等大事往来亲密，就是平时岁时节气也都常来常往、走动频繁。"哪一家婚嫁啊、死人啊，办事情的时候还是要去一下。那隔得近的还是得去一下，这都是亲的，像远一房的他不给你信你就不用去。"[2]

但这种日常亲密关系的走动并非涵盖了所有族人、村民，

---

[1] 陈勋：《村落家族文化公共空间的嬗变》，《经济与社会发展》，2004年第3期。

[2] 受访人：苏安发，受访时间：2020年10月31日，受访地点：苏安发家中。

而只局限于几代近亲或居住集中、关系集中的人群中。油菜坡苏系家族第六代祖之后的九大支系,因为居住分散,分属店垭、马良六大片区,且没有家族活动来凝聚和维持,部分支系内部亲缘关系松懈、亲情往来淡化,相互之间不熟识。

其次,部分家族观念仍在一定程度上发挥作用。比如家族之间的互助共济观念,"中华人民共和国成立后,家族因为多种原因就解散了。基本上都是各干各的,很少有活动。我们第五代祖那一辈从油菜坡搬到段江,就一直在段江住着。这里主产玉米,不产水稻。那时候穷,年成又不好,经常饥一顿饱一顿。遇到灾荒几乎没得吃的。那时候段江下面的人没有吃的了,知道我们段江上面的人姓苏,就来找我们,给他装一背篓玉米回去吃。一斗十升,有二十斤。我们苏家的传统就是,只要姓苏,苏家人永远认苏家人。一个红薯,一个玉米,都相互帮助。有困难来找我们吃几天,有玉米的给玉米,有什么给什么。最艰难的时候都是我们相互帮助,相互扶持着过来的。"[1]互帮互助的家族观念并没有随着家族组织的解散而消失,族人之间仍然谨记祖先的教诲,即使是在最困难的时期,只要报上"姓苏",他所求助的苏家人都会因着彼此共同的血缘关系而给予帮助。家庭内部也以相互帮助为己任,一位苏系族人的夫人告诉我,她的爱人在还没有结婚的时候,就帮着他的大哥养活了一个女儿。"他那时还年轻,连婚都没有结。他大哥已经结婚了,有了几个孩子,养

---

[1] 受访人:苏安发,受访时间:2020年10月31日,受访地点:苏安发家中。

不活。他爸妈就说，你帮忙给你大哥带一个，他就帮忙带了。分家之前就一直帮大哥养姑娘，养到现在。现在那个姑娘都还每年回来看他，给他庆祝生日、买烟买酒。姑娘虽然出嫁了，但是也感恩恩情。每年走的时候都还给他200块钱买酒喝。喊她自己的亲爸喊爹，喊他喊爸爸。"①

"长幼有序""辈分有别""礼尚往来"等家族观念虽然发挥作用的空间受到局限，但族人依然在一定范围内"按规矩行事"。比如族人之间的婚丧嫁娶事宜，只要知晓，或者收到请柬、口信，就必须要去，要"送菜"，还要帮工。"送菜"就是在自己家拿些蔬菜、肉蛋等食物，给办事的族人送去，这个习俗一直延续至今。送完菜晚辈要留下来帮工，要负责烧茶沏水、上烟倒酒、打扫卫生等杂事。长辈们不须做事情，只要在办事当天来，喜事撑场子凑光，丧事镇场和指导仪式。如遇丧事，长辈们还要送一班喇叭②。

论辈分、讲秩序的家族观念也依然存在。"派"是一个家族用以标注辈分和身份的符号，不同的派字决定了其在家族层级秩序中的辈分。许多家族早在族谱制定之初就已经拟定了长远的行辈字派，体现在名字上，即姓名中的第二个字必须严格用派字。油菜坡苏系家族严格遵循按"派"取名这一族规，体现的是家族中长幼有序的秩序。但这一传统中所包含的人格尊卑和等级观念已经丧失，"派"中所蕴含的辈分等

---

① 受访人：包应祝，油菜坡第八代传人苏安发之妻。受访时间：2020年10月30日，受访地点：包应祝家中。
② 当地办丧事会请喇叭班子，敲锣打鼓吹喇叭，演奏丧乐。

级仅为一种象征性观念，它是在平等的人格观念下，晚辈对长辈作出的出于礼貌层面的服从，以此来作为辈分的区分和秩序的维持。"在我们苏家，从来不讲五服，只要是我们苏姓人，都是一家人。我们讲辈分，但是不讲人格高低。"①

当然，虽然家族文化仍以隐性和部分的方式影响着族人，但这种影响是流动的、微弱的、个体的。在经历了上一阶段的重创后，原本就根基尚浅的家族组织失去了赖以存续的基础，家族文化的凝聚力被进一步分散，地缘基础上的人际关系网络更加密实，家族文化的影响力被冲淡成为必然。况且，在日新月异的现代社会，人们的思想不断接受着先进知识文化的洗礼，也不断经受着物欲、贪念、虚荣等不良思想的侵蚀，人们的价值取向更加开放多元，处事方式更加务实多样，族风、家风和族人不再遵循原始轨迹，而呈现出各自为家、各图所求、各有所需的现状。也正因为如此，在同一时期，中国部分地区家族文化开始出现复兴的趋势和潮流，而油菜坡苏系族人或者说保康县的姓氏家族，并不在这股复兴浪潮之中。

第二节 油菜坡苏系家族文化的全面复兴

在经历了传统时期、断裂时期和过渡时期后，油菜坡苏系家族文化由盛转衰，由外显转为隐形，只有部分家族观念仍以不易察觉的方式在继续发挥作用。20世纪末，乡土社会

---

① 受访人：苏安发，受访时间：2020年10月31日，受访地点：苏安发家中。

家族文化的复兴与重构
——以油菜坡苏系家族文化建设为个案

走向"原子化",儒家思想出现回流,为家族组织的重新发育提供了新的契机和条件,不仅人们心中沉睡的家族意识被激活、唤醒,家族文化也开始复苏、再生,最终形成了一股家族文化复兴的回流潮。这一时期,油菜坡苏系家族文化从表面上看并未发生变化,但实际上,其内里正发生着细微的演变。这一演变的最终突破,以2012年正月初九,油菜坡苏系家族十一位代表在马良镇苏家花园的聚会为序幕,这开启了油菜坡苏系家族文化的全面复兴。这十一位代表分别是:苏安发、苏天星、苏天铨、苏顺新、苏顺温、苏顺恭、苏顺刚、苏顺三、苏涛、苏红鹏、苏红鸣。这一次聚会,是油菜坡苏系家族半个多世纪以来第一次真正意义上的家族会议,也是其家族历史上一次里程碑式的会议。

会议确定了以编修族谱、举办2012年清明祭祖大会、修缮祖坟作为家族文化复兴的主要活动。与中国其他地区家族文化复兴活动所表现出来的一般性特征相类似,如开展重修祠堂、重续族谱等群体性活动,复兴家族内部的互动交往,显性化家族观念与家族精神等[①]。但油菜坡苏系家族的文化复兴路径并不依赖于传统家族模式的强制、专治性制度,而是精心重构和修建以族谱、祖坟、文化广场、族训、族规、族歌等为主要文化象征符号的家族公共文化体系,从重续家族集体记忆、重构家族公共空间、重建家族伦理秩序、重兴家族传统礼俗四个维度来复兴家族文化。

---

① 陈德顺:《村落家族文化复兴对乡村政治发展的影响》,《云南民族学院学报(哲学社会科学版)》,2000年第2期。

第二章　家族文化的复兴历程

一、重续家族集体记忆

家族是以血缘关系为纽带联结而成的群体组织，共同的祖先和世系源流是一个家族共同的历史记忆。家谱正是这一群体组织对共同历史追忆的书面呈现，也是其成员具有家族"合法"身份的证明和来源。一直以来，家谱是一个家族最为重要的组成部分，它是对血脉谱系的真切记载，是对家族边界的严格规定，它维护了家族的延续，记录了家族的发展，是家族敬宗的手段、收族的途径和建设的成果。而且，民众对历史感的要求，也需借助修谱来进行表达[①]。因此，修谱与续谱不仅必要而且必需。

据族人介绍，油菜坡苏系家族原来有一本族谱，但早已遗失，真正见过族谱的人寥寥无几。中华人民共和国成立后，家族组织被弱化，支系分散而疏远，族人之间不免有"相视如途人，其实当初共祖"的遗憾。家族再续也逐渐成为禁锢于族人心底的念头和潜意识。由此，油菜坡苏系家族族谱的续修，就是对深埋于族人心底的家族观念的激活，是对共同记忆的唤醒，是对"真实的血缘关系"的确立。"至于社会记忆本身，我们会注意到，过去的形象一般会使现在的社会秩序合法化。这是一条暗示的规则：任何社会秩序下的参与者必须具有一个共同的记忆。"[②]族谱的续修不仅重现了家族的

[①] 冯尔康：《18世纪以来中国家族的现代转向》，上海：上海人民出版社，2005年。

[②] [美]保罗·康纳顿：《社会如何记忆》，纳日碧力戈译，上海：上海人民出版社，2000年。

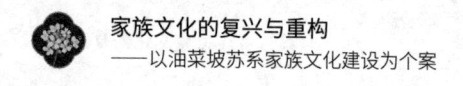

共同记忆,也确定了每一位族人在族内的位置和身份,以及其所应承担的义务和责任。

油菜坡苏系家族议事会会长苏安发先生向我介绍了修谱的缘起与大致过程。2012年正月初五,苏安发先生在家中宴请前来拜年的族胞。席间,油菜坡苏系家族第十代传人苏顺刚先生突然提议编写家谱,话音未落便受到了全体在场族人的一致赞成。修谱的提议看似是这次聚会上的临时性话题,但其实早已在与会的族人心中有过了千百次的酝酿,所以一经提出就得到了全体响应。正月初八,为进一步商量修谱事宜,苏安发与苏顺刚在苏天铨先生家中再次聚会,三人初步决定成立苏家家谱编委会,并拟定了编委会组成人员名单。苏顺刚先生建议将家谱定名为《苏族手册》,并设想了宗代史、人物传和大事记三部分内容。商讨完毕三人还决定于正月初九召开油菜坡苏系家族首次家族会议。正月初九当天,十一位家族代表在位于马良的苏家花园集中,召开了半个世纪以来的第一次真正意义上的家族会议。会议研究布置了家谱的编写工作,还商量了清明大祭祖的相关事情。通过协商与推荐,确定了每一项工作的具体人员分工,并对各项工作的时间提出了明确要求:祖籍勘考工作在清明节之前结束;人员初步登记摸底工作两个月内弄清楚;人物传传主推荐名单半年内拟出。讨论完族谱的编写工作,又商讨了2012年清明大祭祖活动的组织问题,并将每年一度的清明祭祖活动正式确定下来。

族谱的编修是一项庞杂而精细的工程。当代族人可以依

第二章　家族文化的复兴历程

据居住地分片区进行搜集和登记，但前五代的家族史由于族谱和相关资料的缺失，便不易梳理和弄清。家谱编委会决定从祖坟的碑文中寻找有价值的史料信息。油菜坡苏系家族的老祖坟大都坐落在油菜坡上，但由于社会风气和年代久远等原因，祖坟疏于维修而出现不同程度的破损。碑身塌陷，坟身与墓碑间出现裂缝，碑面布满尘埃，碑文无法辨认。在寻找祖坟的同时，家族议事会也对二十余座老祖宗的坟墓进行了修缮，并扶直了墓碑、砌牢了弯石、培好了坟土、平整了拜台，让祖坟焕然一新。在对祖坟进行细致的勘查后，家谱编委会基本理清了前五代先祖的名字，但因时间久远，只考证出苏万卷和苏万忠其上五代的传承关系，其他先祖之间的具体关系已无法详考。直至2012年清明节前，从进山始祖苏必刚至现在各支系的情况基本捋顺、弄清，祖籍勘考工作全部完成。

油菜坡苏系家族将所有代际间传承历史的勘查资料命名为"家族史回忆录"，意为重构家族历史、续修家族现在史、接续未来史。原手稿保存于苏会长处（如下图2.1、2.2），当笔者提出是否可以拍照时，苏会长大方地拿出所有资料，毫无遮掩和保留。对他们来说，油菜坡苏系家族族谱的编撰是一件重大而光荣的事情。有了这部家谱，每位族人便找到了一本所生的"根"、一脉相连的"脉"和生命的"源"，这些正是苏系族人所共同拥有而割舍不掉的集体记忆。正如学者王明珂在《华夏边缘：历史记忆与族群认同》一书中提到的："记忆是一种集体社会行为，现实的社会组织或群体（如家庭、家族、国家、民族，或一个公司、机关）都有其对应的集体记忆。我们的许多社会活动，经常是为了强调某些集体记忆，以强化某一人群组合的凝聚。"[1]在家谱的凝聚下，油菜坡苏系家族第一次清明祭祖大会到场人数近两百人，上到安字派，下到开字派，八十几岁的老者和几岁的幼童共聚祖坟前，隆重举行了首届集体大祭祖活动，给族人留下了深刻印象。

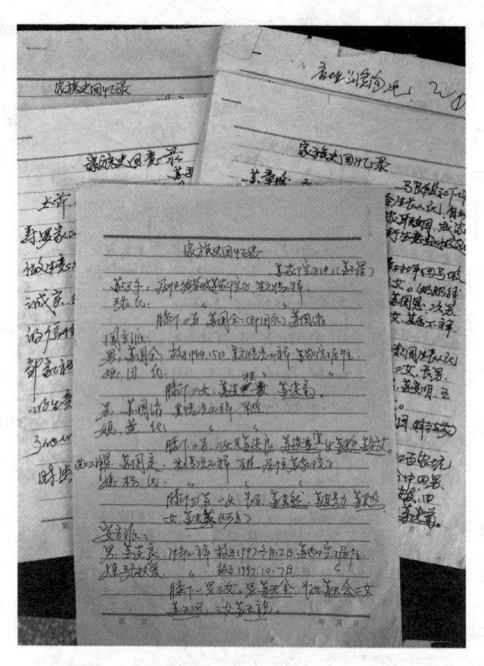

图2.1 油菜坡苏系家族家谱勘查手稿[2]

---

[1] 王明珂：《华夏边缘：历史记忆与族群认同》，杭州：浙江人民出版社，2013年。

[2] 图2.1：油菜坡苏系家族家谱勘查手稿图，共六个片区，保存于苏安发会长处，笔者用手机拍摄于2020年12月20日。

图2.2 油菜坡苏系家族望粮山片勘查手稿①

二、重构家族公共空间

一般而言，家族公共空间包括两类，一类是有形公共空间，如族长、族谱、祠堂等，一类是无形公共空间，如家族的观念和意识。两类空间分属制度与意识两个层面，它们互

---

① 图 2.2：油菜坡苏系家族望粮山片勘查手稿，保存于苏安发会长处，笔者用手机拍摄于 2020 年 12 月 20 日。

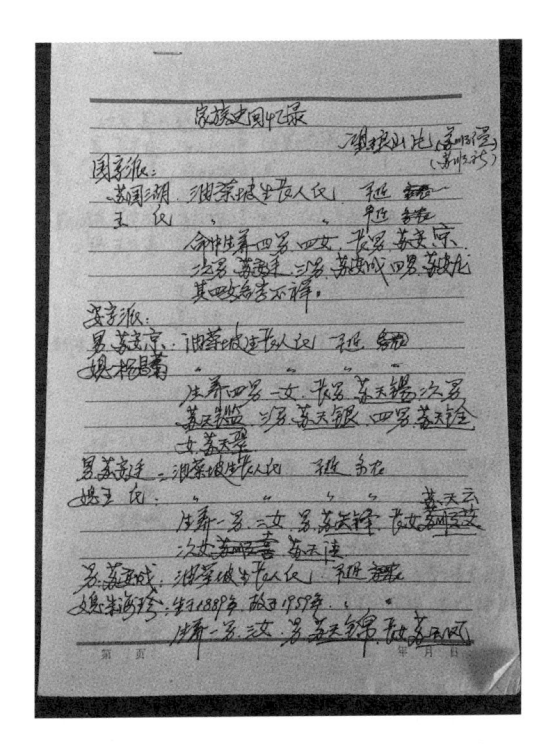

家族文化的复兴与重构
——以油菜坡苏系家族文化建设为个案

为表里、相互依存，共同构成完整的家族文化形态①。对于传统村落家族而言，祠堂是一个家族重要的公共空间。一方面，它是进行家族社交、商议家族大事、化解家族矛盾、解决利益纠纷、赏罚教化族众的重要场所；另一方面，它又是凝系族群寄托、强化家族认同、举行家族仪式、象征家族权力的精神空间。无论是作为集体行为和活动的场所，还是实现家族权力的公共空间，祠堂都具有极为重要的地位和意义。中华人民共和国成立前，油菜坡苏系家族也有一座祠堂，承担着家族交往、聚会、议事、祭祀、族学、教化等多重功能。中华人民共和国成立后，祠堂被没收，家族组织瓦解，家族活动停止。直至2012年油菜坡苏系家族文化复兴，油菜坡苏系家族才重新恢复了家族性质的集体活动。为了更好地开展家族活动，贴近当下族人的审美需求和心理情感，突出新时期家族公共空间的性质和功能，2016年，苏系族人以"苏氏宗祠"为原型，在进山祖苏必刚坟墓旁边的空地上修建了"苏家文化广场"，这是一个集文化、娱乐、教化、聚会等多重性质于一体的多样化空间。

苏会长向我们介绍了祠堂及苏家文化广场修建的相关情况：

> 原来我们有个祠堂，一个大房子，里面供着我们老祖宗的灵牌，每年开清明会就是在这里。要给我们的老

---

① 陈勋：《村落家族文化公共空间的嬗变》，《经济与社会发展》，2004年第3期。

祖宗上香、烧纸、磕头，要表扬那些做得好的，惩罚那些不行孝的、为人不行的、偷偷摸摸的，还要罚他们，在祠堂门口打一个碑，刻上犯的事竖在那里。族长们商量事情也是在那里。清明会开完还要摆席，大家一起吃清明宴。土地改革时候，我们的祠堂被分出去了，给村民居住，后面全部拆掉建起了新房子，完全看不出原来祠堂的样子了。现在修的祭奠祖宗的地界就跟原来的隔得不远，2016年我们修了一个场场儿，清明会场，为了跟以往的祠堂区别，叫它"文化广场"。修这个场场儿还有两个故事，一个是这个场场儿原来住了一户苏家人，叫苏顺朝，父亲去世得早，母亲又多病，他和他的母亲两个人住在这里，家里破破烂烂，也没娶媳妇。因为我们进山祖的祖坟埋在这儿，每年还要在这里搞活动，用的都是他的场地，我们就说把房子给他改一下，旁边修个场地。不要你出钱，我们大家给你搞。第一次同意了，后来去就不搞了，说不修了。后面我去找他，看见我就跑，他骑摩托车，我开面包车，追了三圈，追上我就说他，他一膝盖跪在地上，说做错了。现在非常热情，房子给他修好了，我们的文化广场也建起来了，他还经常帮忙打扫文化广场。任何人去都热情接待，屋里条件差，但是去了给一个笑脸、泡一杯水。第二个是我们这个文化广场修的时候正好赶上2016年习近平总书记提出说要全面复兴传统文化，建设文明家风，县政府晓得了就拨了一半的款，我们又自筹了一半，就把这个文化广场修起

家族文化的复兴与重构
——以油菜坡苏系家族文化建设为个案

来了。现在每一年清明会，我们都在这儿开，每年都热闹，一次性坐20多桌，每年都没坐下，都要加桌子。大家很高兴，先祭祖，然后讲上一年度的成绩、差距和下一年度的目标，颁发四大奖项，观看唱歌、跳舞、三句半、花鼓戏等文艺节目，开完会我们就在这吃清明宴，吃完了高高兴兴地回去。

图2.3 苏家文化广场入口正面[①]　　图2.4 苏家文化广场主席台[②]

苏家文化广场的修建除了苏系族人的积极参与，也得到了当地镇政府的支持和资助，他们试图将苏家文化广场打造成全镇的家风家训教育基地，并以此带动全县的家风建设和文化小康建设。店垭镇委书记介绍说："建设苏氏家族文化广

---

① 图2.3：苏家文化广场入口正面照，此图拍摄日期为2021年油菜坡苏系家族清明大会当天，锣鼓队正在文化广场入口处的空场地上进行表演。拍摄者为保康县民间摄影家李秀林先生。
② 图2.4：苏家文化广场主席台，拍摄日期：2020年10月31日，由笔者用手机拍摄。

场,主要是靠他们苏氏家族自己。当时,去年,我们搞全县的文化小康建设,对苏氏前几年做的活动也有个了解,去年全县搞文化小康以来,我就说,目前的家风,家是最小国,国是千万家,所以我觉得如果以这个为切入口带动整个农村治理,建设良好家风家训,是非常好的措施。苏会长当时也在马良,我就找到他,谈了这个想法,他跟苏顺刚一沟通,达成共识,我们把这个环境整治一下,第一开展活动非常有益,第二我们想把这儿作为一个全镇家风家训教育基地,这样既可以在望粮山村、在店垭起到示范作用,同时我们也可以进一步加大宣传力度,让它走向全县,带动整个社会风气的转化。同时我相信也会带动更多家族来做这种事情,对于我们政府这一块也是非常有意义的一件事情。当时是这种考虑,所以去年通过几个月的策划、建设,目前初现规模。当然我们还要进一步把环境做得更好,形成一种浓厚的氛围,一是对苏氏家族所有带动作用的宣传推广,同时我想也是对我们向他学习的一种渗透和影响。作为党委政府的目的,当时其实是想做这样一件事情。"① 基层权力机关的支持和资金资助,使苏家文化广场的修建活动不再是单纯的家族性行为,文化广场的性质也超出了传统宗祠的范围,而更具文化和社会属性。

新修建的苏家文化广场,位于进山始祖苏必刚的坟墓旁,占地面积约三百平方米。入口处是一扇古典的圆形拱门,墙

---

① 采访人:孙正国。受访人:王培涛,受访时间:2018年4月5日,受访地点:苏家文化广场。

家族文化的复兴与重构
——以油菜坡苏系家族文化建设为个案

边两侧开两扇扇形小窗。拾级而上进入广场内部，里面有一块方形舞台和三面镂空围墙。舞台正面墙及三面围墙均画有宣传壁画，正面墙的两侧刻着一对楹联，题有油菜坡苏系家族的族训"同根同脉，同心同德"八个大字。三面墙在壁画之间还设计了文化宣传橱窗，挂有与每届清明会主题相对应的照片。

图2.5 苏家文化广场围墙上的宣传栏[1]

[1] 图2.5：苏家文化广场围墙上的宣传栏。拍摄时间：2020年10月30日。由笔者用手机拍摄。

第二章 家族文化的复兴历程

图2.6 孝顺儿媳①

如今的苏家文化广场，既具有传统宗祠的祭祀祖先、处理族务、协调矛盾、教化族众、家族聚会等功能，又具有了新时期的风貌，是集宣传先进事迹、弘扬时代精神、营造文化氛围于一体的具有文化气息的多样化场所，在空间意义上具有多重内涵。文化广场的现代性质，不仅使其成了当地的文化景观，也成了油菜坡苏系家族的文化宣言和身份标识。首先，文化广场的舞台正面墙和一面围墙上绘制了多幅关于"孝顺父母""和谐家庭""友爱他人""文明家风"等主题的宣传画，这种以绘画的形式对优秀传统文化和时代精神的宣传，让文绉绉的价值观念变得更接地气、更通人气、更加

---

① 图2.6：《孝顺儿媳》。苏家文化广场宣传栏中张贴的优秀婆媳关系的照片。图片由保康县民间摄影家李秀林先生拍摄。

075

形象具体。在使文化广场变得生动有趣的同时，还具有了教化族众的作用。其次，另外两面围墙上设计了一个个独立的展示窗口，窗口展示的内容会随着当年大会主题的变化而更换对应的照片。比如2018年是保康县民间摄影家李秀林先生专门为油菜坡苏系家族拍摄的摄影作品展，包括"母慈子孝""父子情深""孝顺儿媳""养儿防老""富得宽正"等多幅作品，展示了油菜坡苏系家族的优秀人物事迹和优良家风，一幅幅饱含深意的照片营造了一个"会说话"的文化空间，通过"可读""可感"的图、文实现了文化空间的意义传达和内化功用。文化广场上所集中展演的家族故事、生活碎片与文化记忆，也成为记录家族文化的珍贵档案。

三、重建家族伦理秩序

在"治国必先治家、正人必先正己"的中国传统社会，家族是国家的缩影，是社会的基本细胞。家族的家法族规与国家的法律法规一起，维护着国家与社会的正常秩序和稳定运行。正如俗语所说"家是最小国，国是最大家"，家族的秩序规范不仅影响着家族的稳定，也与国家兴衰荣辱休戚相关。中华人民共和国成立后，经数次社会变革，共同体意义上的油菜坡苏系家族逐渐消失，支系逐渐疏远。基于距离远近和血缘亲疏之上的家族关系，时常出现辈分不清、秩序不明、不尊长幼、不识亲人的现象。2012年油菜坡苏系家族文化复兴后，重建家族秩序规范就变得更具现实意义和紧迫性。宗族不仅仅是一种血缘、亲属制度，更是一种用礼与法的语言来表达的秩序和规范[1]，复兴后的油菜坡苏系家族不仅恢复了血缘与亲属称谓制度，还形成了一套规范家族秩序、稳定伦理道德的秩序规范，涵括了族人的生活方式、人伦礼仪、道德规范、价值观念、权利义务等多个方面，并将之融进了族谱、族训、族规、族歌等一系列家族规范中。

（一）族谱

钱杭认为，中国宗族最核心性的东西是父系世系问题[2]。而族谱记录了所有同属于一个始祖的男性成员及他们的世系、辈分、顺序和后代。换句话说，族谱是对父系世系结构的完整记录。能否进入族谱，是判断其身份"合法"性的条件与基础。一旦进入族谱，就意味着在父系世系序列中拥有了自己的位置，他的辈分与称谓，言行与态度，互动与交际，权利与义务就被纳入一套规定的动作与秩序中。所以，族谱是家族成员之间相互交际与行为处事的规范和指南。续修苏族家谱，就成为油菜坡苏系家族复兴家族文化的头等大事也是首件完成的要事。有了族谱，每一位苏系族人便明确了自己在油菜坡苏系家族脉络中所处的位置，以及他应以何种身份、辈分与态度来与族胞进行交际、互动和往来，如何称呼彼此以及享有怎样的权利和义务。续修的族谱解决了之前因支系疏远而普遍存在的辈分不清、长幼不分、同根不识、同脉不知的现象，也给予了家族成员自我约束的道德力量。

---

[1] 乔素玲、黄国信：《中国宗族研究：从社会人类学到社会历史学的转向》，《社会学研究》，2009年第4期。
[2] 钱杭：《宗族的世系学研究》，上海：复旦大学出版社，2011年。

（二）族训、族规

族规是家族内部用以约束和教化族众而制定的行为规范，它是在"传统中国'家国同构'的社会结构中，以家族血缘为基础、儒家宗法观为核心，而形成的区别于国家法律的社会治理规范。"[1] 民间所流传的"国有国法，家有家规"，正是对族规所具有的与国家法律相补充的属性，及其自身对家族成员的影响力和约束力的反映。族规又称家法、家戒等，其发展经历了家训式的家法族规、族谱中的家法族规和义门中的家法族规三种形式的演变[2]。族训是家训的广义延伸，是早期族规中较为温和的规约形式，"家训侧重于对家人子弟为人处世的训导，并着重于指导性（教而不罚）；而家法族规则属于广义家训的范畴，侧重于对家人子弟言行的规诫，着重于惩治（亦教亦罚），并具有强制性，这正体现了众多家法族规所反复强调的'以罚辅教'的宗旨或基本出发点。"[3] 族训作用的发挥主要靠家族成员对自我的道德约束和对家族荣誉感的维护来实现。油菜坡苏系家族的族训是"同根同脉、同心同德"，是由当下油菜坡苏系家族辈分最高的族人苏安发有感于家族氛围而偶然想到的一句话。据其介绍，他在续修族谱活动中承担着宗代史相关资料的考察、收集与梳理工作，

---

[1] 李鼎楚：《中国传统"家法族规"的特征及现代法治意义》，《湘潭大学学报》（哲学社会科学版），2016年第5期。
[2] 苏洁：《宋代家法族规与基层社会治理》，《现代法学》，2013年第3期。
[3] 杨威：《论中国传统家庭伦理的礼法秩序》，《兰州学刊》，2013年第11期。

为了获得真实、完整的信息,他无数趟奔波于店垭、马良两镇,有时候工作结束的时间已晚,族人便邀请他留宿家中。"我那段时间天天和族胞们一起生活,每天上山下乡地浸润其中,有一天,我的内心不断地涌动着一句话,'同根同脉、同心同德',我觉得这就是冥冥之中我们老祖宗对我们的希望和暗示,这是'天赐之言'!"[1]他提议将之作为油菜坡苏系家族的族训,得到了议事会成员的一致认同。他们认为,对于家族而言,没有什么比"同根""同脉""同心""同德"更能召唤和激起人们心中对家族强烈的归属感和认同感。在"同根、同脉"面前,个体不仅是家族的一分子,更是家族的代言人,促使族人始终以家族荣誉为己任,以家族成员为至亲,以自我约束为目标,推动家族内部形成一股强大的文化凝聚力,来永葆家族的繁荣与长久。

相较于温和劝诫的族训,族规更具系统性、规范性和强制性,它是家族组织用以规范族人言行、提供价值导向、维持家族秩序、调整伦理关系的各项规范的总和。许多家族在编撰族谱之时,往往将族规写入族谱,置于谱例前页,以示重要。所以在民间修谱常与制定族规同步,意为强化族众对家族规范的自觉遵守。油菜坡苏系家族复兴后也拟定了相应的族规,虽然不再具有强制性和惩罚性,但仍从八个方面对族人做出了规约和训诫:"一,要孝顺,不要无义。二,要和睦,不要矛盾。三,要勤劳,不要懒惰。四,要善良,不要恶毒。

---

[1] 受访人:苏安发,受访时间:2020年10月30日,受访地点:苏安发家中。

五，要诚实，不要说谎。六，要明白，不要糊涂。七，要上进，不要落后。八，要开放，不要保守。"八组对立的品行，通过"要"与"不要"鲜明地指出了油菜坡苏系家族以孝顺、和睦、勤劳、善良、诚实、明白、上进和开放为核心秩序，对族人的行为和处事提出了最基本的依据和规范。

（三）族歌

族歌是油菜坡苏系家族为进一步发挥族规的教化和规范作用而谱写的歌曲，歌词依据族规的八项要求丰富而成，旋律采用了在当地广为流传的革命传统歌曲《三大纪律八项注意》的曲调。不仅印刷成册，要求每一位族人会唱、唱好，每届清明会上族人齐唱族歌也成为必备环节。族歌歌词如下：

苏氏族人个个要牢记，八个必须和八个不许，第一必须孝顺老辈子，千万不能忘恩负了义。第二我们必须要团结，矛盾是非千万要不得，和和气气才是一家人，相互帮助就会有一切。第三我们必须要勤劳，千万不要当个懒神包，脚踏实地做好每件事，生活才会越过越美好。第四我们必须要善良，人人都有一副好心肠，恶毒事情千万不要做，做了肯定没有好下场。第五我们必须要真诚，不说假话不要骗别人，有一说一有二就说二，实事求是才能得人心。第六我们必须要清白，糊涂事情千万做不得，说话之前好好想一想，想好再说才不会出格。第七我们必须要进步，不能堕落不能离了谱，沿着正路一直向上走，越走肯定越来越幸福。第八我们必须要创新，思想守旧啥也办不成，开拓进取跟上新时代，共同创造美好的光景。

地地道道的民间语言，耳熟能详、朗朗上口的旋律，让刻板的族规更切生活、更贴百姓、更接地气，也更具教化功用和感化力量。

四、重兴家族传统礼俗

家族礼俗活动，是族人共同参与的集体性活动，不仅有家族极为重视的仪式性活动，如祭祀祖先、婚丧嫁娶、寿礼诞辰、岁时节令等，还包括生产、生活、民俗、宴饮、文艺表演等生活常态中习以为俗的日常活动。礼俗活动是家族文化的一种表现形式，也是家族文化发挥功用的重要载体和巩固传承的内化手段。实际上，族人的人格塑造、价值建构和品德修炼，都是借助家族的诸多礼俗活动在潜移默化和反复展演的规训中获得的。族人所表现出来的言行举止、待人处事，也都是家族内部礼法和规范的体现。也正因为如此，中华人民共和国成立后，家族礼俗活动因其具有封建愚昧的思想成分并依赖于旧社会的文化风俗而与新的意识形态相冲撞，遭到了取缔和禁止。改革开放之后，又在国家权力话语和知识分子话语的数次改写中成为宣传时代精神、教化和改造民众的重要手段。家族礼俗活动在农村家族由"衰落"走向"复兴"，源于国家政策的调整，也基于其所蕴含的优秀传统文化基因在育人、教人、化人方面所起到的举足轻重的作

家族文化的复兴与重构
——以油菜坡苏系家族文化建设为个案

用。2012年油菜坡苏系家族举办了清明祭祖大会,这标志着油菜坡苏系家族文化进入了复兴的时代语境。在这一语境下,油菜坡苏系家族开始重续血缘关系,重构公共空间,重建秩序规范,家族礼俗活动也开始逐渐恢复并重焕活力。礼俗活动的复苏不仅增进了家族成员之间的凝聚和联结,还使族规、族训中的优良传统家风等得到强化和巩固。

据苏系族人介绍,中华人民共和国成立前的油菜坡苏系家族极为重视礼节和规矩,无论是祭拜先祖,岁末年尾的新年,红白大事,还是走亲戚、过生日等日常活动,都以懂规矩懂礼节而在这一方土地上远近闻名。以懂礼博学为职业素养的民间能人"知客先生",也一直以来都以苏姓居多、居好。为了传承这一文化传统,也为了培养更多懂礼重礼的苏系族人,油菜坡苏系家族重新恢复和新增了集体祭祖、清明宴会、吃团年饭、走亲戚、拜年敬老等礼俗活动。

祭祖是油菜坡苏系家族的传统,每逢过年和清明节晚辈都会去长辈的坟前上香烧纸,悬挂"清明吊"等祭祀物品。哪家祖坟前烧的纸灰越多、悬挂的祭祀物品越多,标志着这一家族人丁兴旺、家族繁盛。自从革命年代祭祖活动被禁止后,祭祖行为仅局限于支系内部,甚至逐步缩小为个人对于两三代近祖的情感性表达,"一辈人只管一辈人"[①]。油菜坡苏

---

① 油菜坡当地长期流传着一句俗话,叫"一辈人只管一辈人"。意思是,后人修坟主要是修自己父母的坟,最多也只是把祖父祖母的坟修一下,上坟也是如此。这样一来,苏家先祖们的坟墓便无人管理、维修和祭奠,逐渐冷清。除了进山祖苏必刚的坟墓之外,苏家后人对其他祖先坟墓的具体位置记忆模糊,前往祭奠的人就更少了。

系家族复兴后,集体祭祖活动被重新提起,并成为每年一度的家族大事。"2012年农历正月初九,我们几个议事会成员聚在苏家花园,商量修族谱的事情,并且一致同意组织一年一度的清明集体祭祖活动,时间定于每年的清明节前夕,地点定为油菜坡苏必刚公的墓前。此后的每一年正月初九,我们议事会的成员就会聚在一起,商量今年清明祭祖的时间,定好后让每一个支系的负责人通知下去,确定参加的人数。以往我们都是自家给自己的长辈上坟,现在集体祭祖,就要恢复原来祭祖的礼节和仪式。我们的祭祖仪式,从过去祖辈跟我们讲,红事好比说接媳妇,过八十岁或者六十岁,是四礼八拜;但是过白事都是三跪九叩,必须是三跪九叩。什么叫四礼八拜?过红事,接媳妇时,作揖,就叫拜。作揖,下去,磕一个头,起来,起来再磕一个头,再作个揖,作个揖,再作个揖,下去,再磕一个头,这是连续的,作八个揖,磕四个头,这叫四礼八拜。但是白事,去祭拜,就是三跪九叩,没有作揖。三跪九叩,就是膝盖软膝下去,磕三个头,起来,起来再跪下去,再磕,再起来,再磕,这叫三跪九叩。这是按照我们苏家传统最大的礼仪,红事四礼八拜,白事祭拜三跪九叩。首先肯定是上香烧纸,上香时候心诚则灵,不一定说出来。接下来就上供品,三跪九叩。跪的时候一辈人一辈人跪下去,先是安字派,再是天字派、顺字派、宏字派、开字派,依次下跪磕头。"[①] 丰富的仪式和习俗让集体祭祖活动更

[①] 受访人:苏安发,受访时间:2020年12月20日,受访地点:苏安发家中。

显气势和庄重,每一位族人在面对共同的祖先完成规定的动作时,实现了对"同根同脉、同心同德"的精神共享,身心也在神圣肃穆的氛围中获得祖先神灵的庇佑连接。同时,集体祭祖也为维护长幼秩序,传承敬老传统,感恩祖先恩德,维系家族亲情提供了必要的空间和必需的土壤。

祭祖完毕,油菜坡苏系家族还会同吃清明宴。在苏族老人的记忆中,他们小时候也经历过几次家族清明宴会,宴会上大家吃吃喝喝非常热闹,一场宴席下来每位族人红光满面、笑若春风。"吃清明"在中国由来已久,渊源久远。以吃聚情、以吃暖人、以吃传意、以吃动心,清明家宴是最能凝聚亲情、升温感情、融化人情的场合。"清明大会结束后,我们还准备了清明宴,每一位到场的族胞共聚一堂,相互交流感情,很多好久没见的远房亲人正好趁这个机会聚在一起。大家谈天说地,啥子都聊。在这一天我们只讲亲情、只讲感情,分辈分但不分尊卑,也没得远房近房,大家都是一家人,都是苏家人。你给我夹菜,我给你夹菜,相互举杯相互敬酒,热闹得很!很多平时化不开的矛盾、问题,在这一天的酒桌子上都解决了。既然都姓苏,就是一家人,就不要讲两家话、认两家理。该讲的规矩讲,该让的道理让。"[1]清明宴为族人提供了团聚和欢愉的机会,也从精神和心理上巩固了讲礼与重情的家族文化。

岁末年至,新年是一年中最为重要的节日。"以前我们过

---

[1] 受访人:苏安发,受访时间:2020年12月20日,受访地点:苏安发家中。

第二章　家族文化的复兴历程

年的时候，再远都要赶回来。同一个爷、老太爷的，我们要一起拜年，走在路上，二三十人，队伍大得很。人家都说我们后辈兴旺、人口多哟！每一个长辈我们都要挨个走到，去拜年。要说新年快乐、恭喜发财，年纪大的还要说身体健康这些吉祥话。晚辈要给长辈磕头、作揖，长辈要给红包或者抓糖果。拜完一家要去另外一家。后面慢慢地淡下来了，不准放鞭后就更少走动了。过年回来了也是拜个几家，打麻将的打麻将，玩的玩，过得一点意思都没有。后面这个家族搞起来，又重新开始给老辈子们拜年，初一先拜父母，再拜五服内的亲戚，这家去了去那家，去了都接我们吃饭，中午在这家，下午在那家。亲戚之间又开始天天走动，又变热闹了，我奶奶们都说过年的氛围又回来了。过完年了大家又开始准备十五元宵节，元宵节也很热闹，比正月初一都还要热闹。你来我往的，好像都没断过。"[1]"苏天星他们那个大家庭，在苏天星的倡导下，由苏天金具体承办，油菜坡苏家院子的三十多口人，在大年三十这天又恢复了一起吃团年饭的传统。大桌子小桌子开好几桌，增进了交往也提升了人气，是我们家族复兴后家族团结和谐的一个代表。"[2] 过年当天，族人们都回归家庭，回归家族成员身份，依照辈分关系行礼、相互拜访，吃团年饭的传统也逐渐恢复，不仅过年时候热闹的氛围回来了，也更明确了彼此在家族世系中的位置和身份，磕头、

---

[1] 受访人：苏红武，受访时间：2020年12月19日，受访地点：重阳街上。
[2] 受访人：苏顺恭，受访时间：2020年11月26日，受访地点：油菜坡苏家老屋。

作揖、说吉祥话等礼节也成为长幼有序、长者为尊、互敬互爱的"礼"的表征。在家族文化氛围的带动下，也涌现出一些新的礼俗活动，"像大竹园苏万成支系，苏红雨和苏红敏她们宏字辈的十几个人，从 2015 年开始，已经连续搞了四五年了，每年正月初三晚上都要聚在一起，畅所欲言，聊聊今年的收获，明年的打算，共谋发展、共同进步。这是我们家族复兴后涌现出来的新鲜事。她们十多个人中，最大的不过二十八岁，最小的只有十二岁，有的父辈之间还有一些恩恩怨怨，但是他们这一辈不计较；他们宏字辈之间有的也存在人生观的分歧，但他们也不计较。大年初三都需要走亲访友，拜年串门时间紧，但是他们都要挤出时间，克服各种困难，在约定的时间和地方，聚在一起吃晚饭、聊过去、聊未来，我觉得他们这种精神完全可以在整个家族进行推广，让我们家族其他支系也学习学习，增进彼此的感情，加强沟通和理解。"[①] "13 年吃团年饭的时候，马良苏家花园，在苏顺强的提议下，老少近二十多人一起唱族歌，老的小的都唱，只有十岁的苏红墨都唱得有板有眼。往后年年都唱，还比着唱。"[②]

油菜坡苏系家族的老人所享受到的不仅只有过年期间晚辈的拜年和祝贺，还有家族的"敬老"活动。自 2012 年春节开始，每年过年的前几天，都会有族人组成家族慰问团，亲自前往八十岁以上的老人家中进行慰问，并以家族名义为每位老人送去两百块钱及水果、糕点等年货。在送礼金和年货

---

① 受访人：苏安发，受访时间：2020 年 12 月 19 日，受访地点：重阳街上。
② 受访人：苏顺敏，受访时间：2021 年 4 月 3 日，受访地点：苏家文化广场。

第二章 家族文化的复兴历程

的同时,还要送温暖送关心,慰问团的成员会陪老人们唠嗑,倾听他们生活中的大事小事,以及是否有需要帮助解决的事情;检查老人们的贴身衣物和床铺,查看老人们的生活环境,督促子女更加孝顺和关爱老人。"我们做这些就是要发扬我们家族尊老敬老的传统美德,要让这个优良家风一直传承下去,要让我们的子孙后代晓得,要孝顺老辈子、尊敬老辈子。"①

除此之外,结婚、丧葬、老人的寿宴、走亲戚、节目表演等礼俗活动也传递了"孝文化"、人伦亲情等家族文化的积极价值。"2013年夏天,住在马良张家岭的苏安英老人寿终正寝,我们苏氏家族六十多个人冒着大太阳赶到张家岭为她送葬。家住远安县的苏天星听到消息后也赶紧赶回来参加。对于离世的家人,只要我们听到消息都会去送最后一程,也是一种血浓于水的亲情在。"②"前几年我过八十岁的时候,我的儿孙们,三十多个人,都回来给我过生,还有从老远的武汉、广州回来的。不仅摆了酒席还从店垭镇请了腰鼓队,家族也来了好多人,没想到我们这么大年纪了还能享这样好的福气!也是家族办得好,让我们享当下的福。"③

复兴后的家族礼俗活动,既是对家族传统礼俗文化仪式的再恢复与再兴起,也是在原有家族文化传统的基础上进行的改造、创新与再生产。重兴的家族礼俗活动同续修的族谱、重建的家族秩序规范一起重新进入族人的视野,回归族人的

---

① 受访人:苏顺恭,受访时间:2020年11月1日,受访地点:苏天翠家中。
② 受访人:苏顺敏,受访时间:2021年4月3日,受访地点:苏家文化广场。
③ 受访人:苏天翠,受访时间:2020年11月1日,受访地点:苏天翠家中。

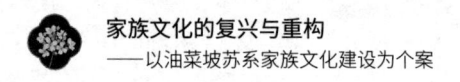

生活。文化广场、族谱、族规、族训、族歌等家族文化要素不仅构建了完整的油菜坡苏系家族文化体系,还在激活情感、凝聚族众、实施教化等方面发挥着不可代替的作用。

第三节 油菜坡苏系家族文化复兴的逻辑

任何一种社会现象的发生,都必有其出现的原因和逻辑。20世纪八九十年代涌现的"家族文化复兴"热潮,吸引了来自人类学、社会学、历史学、政治学等多重学科领域学者的广泛关注,并引起了学者对家族文化复兴的原因、利弊、未来走向等问题的思考与争论。其中,家族文化的复兴逻辑是学者讨论的核心问题之一。王沪宁是最早对家族重建和复兴现象给予关注的学者之一,他在对中国十五个村落进行调查和剖析后指出,家族组织重建和复兴的根本原因在于其所承担的"生存、维持、保护、绵延、族化和文化"六项传统功能在当代又重新找到了发展和存续的依据与契机[1]。唐军从经济、政治和文化三个层面来透视家族复兴的社会背景条件,认为家庭联产承包责任制的推行、村民委员会的设立及儒家思想的回潮为家族复兴提供了需求、空间、机遇和资源[2]。王铭铭从"功能需求论"的观念出发,认为家族共同体的复兴

---

[1] 王沪宁:《当代中国村落家族文化——对中国社会现代化的一项探索》,上海:上海人民出版社,1991年。
[2] 唐军:《当代中国农村家族复兴的背景》,《社会学研究》,1996年第2期。

第二章　家族文化的复兴历程

是人们为了满足自己的公益或精神需求[1]。钱杭从"心理需求"的角度指出，宗族作为中国历史上长久发展过的一种社会关系形态，是汉族文化不可分割的一个组成部分，它的根扎在汉人心中，宗族的出现与持续存在，从根本上说，是汉人为满足对自身历史感、归属感需求的体现[2]。郭于华从"深层结构"论出发，认为亲缘关系的顽固存在是家族复兴的原因，因为它构建了社会的人情网络模本[3]。周大鸣等则认为家族是一种客观存在，而非临时团体，其复兴具有一定的必然性[4]。除此之外，还有刘世奎、陈永平的"宗族观念说"，王顺平"农民—宗族供需说"等。不同学科的学者从自身理论出发，分别从社会的角度、文化的角度、功能的角度等多个层面对家族文化复兴的内外逻辑进行了讨论和阐释。

作为家族文化复兴浪潮中的一朵浪花，油菜坡苏系家族的文化复兴必然带有整个中国家族文化复兴的时代语境观照和影响，其复兴逻辑必然与全国家族文化复兴所表现出来的一般或共性的特征相同，表现在政策环境宽松下家族文化复归拥有了契机与资源、文化传统所蕴含的强大内驱力、百姓

---

[1] 王铭铭：《社区的历程：溪村汉人家族的个案研究》，天津：天津人民出版社，1996年。
[2] 钱杭：《当代农村宗族的发展现状和前途选择》，《战略与管理》，1994年第1期。
[3] 郭于华：《农村现代化过程中的传统亲缘关系》，《社会学研究》，1994年第6期。
[4] 周大鸣等：《当代华南的宗族与社会》，哈尔滨：黑龙江人民出版社，2003年。

家族文化的复兴与重构
——以油菜坡苏系家族文化建设为个案

内在的深层次文化心理需求等。但是油菜坡苏系家族文化复兴的时间节点并非处于全国浪潮的兴盛时期，而是在三十多年后的2012年，其复兴逻辑中又带有了自身的个性特点。

一、家族精英的自觉担当

油菜坡苏系家族的文化复兴是完全由家族成员内部自发兴起的文化复兴活动。在这股自发力量中，有一类人扮演了非常重要的角色。他们最早察觉出族人的情感需求和现实需要，并最先对家族血缘关系的松散和疏远进行反思，也是他们率先提出以续修族谱、复兴家族文化来重构家族组织，凝聚族人，并以此来进行家族自治。他们便是油菜坡苏系家族中的精英人士。在推动油菜坡苏系家族文化复兴的过程中，家族精英们展示了他们作为家族代表主动作为的担当精神。可以说，正是这群家族精英的自觉认识、主动倡导和全力推进，油菜坡苏系家族文化才实现了当代的复兴与重构。

油菜坡苏系家族中的当代精英，是在家族文化复兴过程中表现突出，依靠自身的知识、经验、德行、品性、财富、社会资源等得到家族认可，在家族中具有一定影响力，并且为了家族发展肯下功夫、肯出力气、肯花金钱的人。他们中有几个人的身影最为活跃，比如苏安发、苏安佳、苏天铨、苏天翠、苏天星、苏顺刚、苏顺强、苏顺敏、苏顺恭、苏顺华、苏红鹏、谢尚文、陈晓、刘文灿等。在对当地进行田野调查的过程中，笔者也专门对三位熟悉油菜坡苏系家族的村民进行了访谈，了解到上述精英在家族中所担任的角色，以及他们在推动家族文化复兴过程中所发挥的关键性作用。根据他们的介绍，笔者将油菜坡苏系家族精英按照他们各自所具有的不同社会属性特征分为三类，分别是知识分子、商贾人才和乡村贤达。

（一）知识分子的精神追求

知识分子是指油菜坡苏系族人中受过高等教育、拥有较高学历，且热心家族事务的知识分子。他们是重建油菜坡苏系家族文化的主要发起人。熟知油菜坡苏系家族事务的当地村民周显华介绍说[1]：

> 苏系家族的家族文化能搞得这么好，就是因为他们家族的家风一直强调"耕读传家"，而不是做官发财。耕读传家，"耕"就是耕田，"读"就是读书。根据自己的特点，喜欢读书的就去读书，读不进去书的就去耕田。所以说他们家族当官的少，就是脚踏实地地去读书或者耕田。这就是他们家风的特点。所以他们家族很多人为了改变生活困境，从小就刻苦读书，现在有三十多个博士、教授。
>
> 苏顺刚就是其中一个，他从小就喜欢读书、写作文。晚上点着煤油灯看书，每天都看到很晚。他的作文也写得好，经常被老师拿来当作范文念。他自己还试着写了好多小说。高考考上了大学后，就开始专心搞创作。后来成了一名著名的作家，还是大学教授。因为他从小对

---

[1] 受访人：周显华，油菜坡村民，现为油菜坡村民小组组长。受访时间：2010年11月3日，受访地点：苏顺良家中。

家族文化的复兴与重构
——以油菜坡苏系家族文化建设为个案

家族有感情,认为家族、亲人间血浓于水,家族文化也特别值得珍视、重建,就发起了倡议。第一次家族会议就是他提议开的。家族文化复兴过程中的好多设计也都是他搞的。他以他知识分子的视野,希望族人在物质丰富后也能注重精神层面的富足。所以他提议复兴家族文化,让族人在家族文化的熏陶中更有担当和抱负。

还有谢尚文,他是苏天翠的儿子。从小生活苦,他经常饿着肚子去上学。但是一到学校就不觉得苦了,因为他喜欢学习,尤其是数学。七九年考大学的时候数学还是很难的,他都能考60多分!在当时的保康及格的都少。那年他考上了河北地质大学,现在在广西地矿厅工作,还当上了人事处处长,成为探矿、采矿方面的专家。他虽然不姓苏,但是因为他母亲姓苏,所以他对苏家很有感情,一直把自己当作是苏家的成员,多次给家族提供发展基金,有一次一次性就拿了五千元。这就是他们知识分子的胸怀,赚了钱,哪怕自己苦一点、省一点,也舍得付出、奉献,他们觉得从中得到了精神回报,这让他们感到幸福。

还有一个苏顺强,从小读书很认真,83年保康只考上了一个本科大学生,就是他,他考上了华中师范大学,后来分到湖北文理学院,从事外国文学教学与研究,2006年就评上了教授。因为知识扎实,再加上人很正直,学校很重视他,把他从普通教师提到教务处处长,后来又当上人事处处长。他对家族事情很投入,是议事会的常委委员。每年清明大会,他再忙都会参加。他普通话说得好，多次在大会上宣读颁奖辞，字正腔圆，落地有声，给家族的人一种鼓舞和力量。他虽然个子不高，但是在大家心目中，他的形象还是很高大的。

对知识的崇敬和追求，使这群知识分子通过用功读书改变了自己的命运，也使他们更加意识到知识的重要性，以及家族文化能对族人产生的深远影响。知识分子的涵养和担当，以及他们对家族的深厚情感，促使他们率先以积极、主动的态度倡导家族文化的当代重建。他们的目的明确且一致：既希望家族文化能够复兴重构，同时也希望族人在家族文化的熏陶、培育中，更有理想、抱负和责任心，进而促进家族文化长久兴盛、发扬光大。这是他们共同的目标，也是他们自觉的精神追求。在具体的重建过程中，他们深入挖掘传统家族文化的核心和有价值的部分，精心提炼当代家族文化的精神与内涵，细致规划家族文化的重构路径与发展方向。在他们的努力下，油菜坡苏系家族有条不紊地实现了家族文化的复兴与重建，而且重构的家族文化不仅对内形成了较强的凝聚力，对外也展示出油菜坡苏系家族文化的独特魅力，以及与时俱进的时代感。

（二）商贾人才的经济支持

商贾人才是油菜坡苏系家族中以经商为业，并在商界取得显著成就的经济能人，包括公司老板和致富带头人。他们经济实力雄厚，并且充满奉献精神，多次为家族文化建设提供数量可观的发展基金。在家族文化复兴之初，他们慷慨出

家族文化的复兴与重构
——以油菜坡苏系家族文化建设为个案

资用以勘考祖籍、修葺祖坟、修筑拜台、编修族谱。在家族文化发展建设中，他们也积极为修建文化广场、举办清明大会、开展家族活动、慰问年迈长者等提供资金和物品。正是他们的主动作为、鼎力捐款，油菜坡苏系家族的文化复兴才拥有了强有力的经济后盾。油菜坡苏系家族议事会财务负责人苏红芳，向我们介绍了家族中几位慷慨大方的经济能人[①]：

  苏顺敏叔叔在广东创立了天昌防水隔热工程有限公司。他这个人讲诚信，又脚踏实地，这些都是家族文化熏陶出来的，也是他从大山区到大城市能站稳脚跟的重要原因。他现在的收入很可观，但是他从来不会只为自己的小家庭谋发展，还为我们这个大家族积极捐款，是为我们家族发展基金捐款较多的人之一。为了修建我们的文化广场，他一个人就出了五万块钱。上次苏天文伯伯生病，也是他帮忙联系的救护车，还给他出钱看病。他还做了好多善事，比如对口扶贫苏天根发展养殖业，他一个人就捐了两千块钱。对于家族的事他都是出手大方，为家族发展提供了有力支撑。
  还有陈晓，他是苏安佳先生的女婿，苏虹的爱人。他在保康开办了磷矿公司，收入很可观。他年年都会给家族捐发展基金，给贫困户的帮扶也是每次都走在前面，不仅为他们提供相当数量的扶贫资金，还热情地帮他们

---

① 受访人：苏红芳，受访时间：2020年11月1日，受访地点：苏天铨家中。

找路子、想点子，帮助他们找到可持续性发展的致富路。他虽然是苏家女婿，但是通情达理，从不把自己当外人，而是主动与苏系家族融为一体。

还有苏红鹏，是开医药公司的老总。他作为家族议事会的秘书长，虽然辈分低但热心快肠，多次为家族发展提供可观的基金。除此之外，还有苏天新、刘文灿等，他们都是家族中比较富有的人，但是他们也从来不是只富自己，还帮扶族胞，出资建设家族。

(三) 乡村贤达的权威影响

油菜坡苏系家族中的贤达人士，是指家族中具有较高辈分和家族威望的族人。他们在传统家族文化的滋养中，形成了知书达理、正气凛然的性情特征。他们是油菜坡苏系家族优秀传统文化的传承主体，也是良好家族秩序的维护者。在家族文化复兴的过程中，这些家族贤达充分发挥了他们强大的号召力和动员能力，在筹措家族发展基金、筹备首届祭祖活动等方面起到了积极的助推作用。在日常生活中，他们也乐善好施、助人为乐，积极帮助族人排忧解难、解决纠纷，并且运用他们在家族中所具有的威信和威望，对家族成员进行道德约束、行为规范和价值引领，是家族凝聚人心、实现自治的关键人物。我们从油菜坡苏系家族议事会副秘书长苏顺华处了解到几位家族贤达在家族中的重要作用[①]：

---

① 受访人：苏顺华，受访时间：2020年11月3日，受访地点：苏顺良家中。

苏安发会长从小就严格受到四书五经和传统文化的熏陶，知书达礼，能说会道，懂得很多乡村礼俗。加上他辈分很高，所以说话很有威信。当上会长后，他经常开着自己的车，不计报酬地到处访贫问苦。哪家有矛盾，他都专门去调解。我们这有一户家庭，老母亲八十多岁了自己单独生活，四个儿子相互推诿赡养责任。苏会长就去做工作。他把她的四个儿子聚在一起，既动之以情，又晓之以理。该批评的时候严肃批评，不留情面。四个兄弟当场就反省了自己的错误，约定一个人照顾母亲一个季度。他们还比赛，看谁照顾母亲做得好。他们的母亲后来就过上了衣食无忧的生活。这样的例子有很多。苏会长腿脚也不太好，但是家族活动每次都带病参加，主持清明大会、为去世的人致悼词，等等，任劳任怨、从不缺席。

还有苏天铨叔叔，读过私塾，能熟背《三字经》，对人真诚，一身正气，很有威严。只要他出面，很多人（和事）都听他的，一言九鼎。他不仅将自己的五个儿子教育得很好，每一个都考上大学，有的还是作家、教授、博士，家族其他亲人的孩子他也会进行教育。他的侄儿苏顺恭读初中的时候经常偷偷下河洗澡，他知道后就罚他下跪，告诉他事情的危险性。从此以后苏顺恭再也不敢偷偷下河洗澡。他还特别支持别人读书，哪家上学差点报名费，找他借，他都会大方地送给别人。和他不是亲戚的人，遇到困难，他知道了也会帮忙。比如刘道新读初中的时候还差三块九毛钱买书本，他知道后就主动给人家送去，还不要人家还钱。家族复兴后也是一样热心肠，捐家族基金，调解族人纠纷。家族复兴之初遇到的一些大的矛盾，也是多亏他（们）去化解，才得以迎刃而解。

还有苏天星叔叔，当过兵，转业以后在远安工作，是家族复兴的首倡者之一。他虽然年近七十，经济也不宽裕，但是这几年我们的家族活动他都会参加。有老人去世，他会赶来吊唁。有时候他刚刚返程到家，又听闻家族有事，也会连夜赶回老家，是一个非常重家族感情的人。每次有亲人去世，他都会熬夜守灵，哪怕寒冬腊月冻得发抖，他也会坐在那里，双眼含泪，直到把亡者送上山才依依不舍地回家休息。他在家族中起到了很好的榜样作用，很多人都向他学习，我们这个家族也就更有向心力和凝聚力。

以上述族人为代表的家族精英，在家族文化的当代复兴中，以强烈的家族责任感担起了家族文化复兴的重任。在具体的家族文化建设中，家族精英们各自运用所长，或者统筹规划、出谋划策，或者组织人力、汇聚人心，或者主理祭祀仪式、协调族间关系，或者提炼精神内涵、宣传家族文化，或者慷慨解囊、积极出资，每个人都最大化发挥自己的优势，并相互配合、相互辅助，以家族文化为切入口，实现了凝聚族人、团结族人、教育族人、鼓舞族人、约束族人的目的。

家族文化的复兴与重构
——以油菜坡苏系家族文化建设为个案

如今，油菜坡苏系家族已经连续召开了八届清明大会，家族文化也在不断地发展完善。苏系家族的精英们在重建家族文化的同时，不止关注家族当下的文化建设，也十分注重家族文化的长远发展。他们将家族文化与地方文化建设相融合，与乡村振兴相关联，在发展家族文化的同时，助力乡村振兴和地方文化发展。

二、多数族人的现实需求

提及油菜坡苏系家族文化复兴，就不能不提及苏家陵园落成典礼上的一场风波。正是以这场风波为导火索，激起了家族中几位有识之士的修谱意愿。"起因是这样的，顺刚给他的爷爷奶奶修了陵园，苏家不少人都埋在里面。落成典礼那天，很多人参加。有一些贵宾、政府的人，当时我也去了，他竟然把我安排在嘉宾席。回去我就去找他爸，把他爸搞了一顿，不仅把'派'写错，'宏开文明仕'写成'红开文明仕'，还把我安排在嘉宾席，你说这是不是苏家人不认识苏家人？原来我们苏家人是非常讲究的，太爷的名字都有，我是他爷，他还把我搞错。这样一说，我们觉得还是要把苏家梳理一下，联系起来。正月初四，我就接顺刚、顺强，还有刘勇几位一起吃饭，说起了这件事，大家都说早就想修家谱了，一直在心里没说出来。就这样，正月初九，我们又喊了几个家族中的精英，有能力的、善组织的，召开了第一次常委会，一共十四个人，一致同意搞这个事情。就由我牵头，寻根问祖，哪是哪一门派的，开始登记。我们查了不下于六十座碑，用放大镜看,看碑上的后代记录,来寻根问祖。"①"苏家陵园竣工典礼结束了,顺刚去给会长过生日,回来就问我,说想修家谱,把家族搞起来,问我能不能搞。我说咋不能,这是好事、大事!哪个没得根、没得源。"②

从表面上看,苏家陵园落成典礼上的风波是推动家族中几位有识之士重续家谱、复兴家族文化的直接动机,但实际上,家族是一个由无数基于共同血缘和世系关系的族人联结而成的社会群体,如果家族内部没有形成广泛而基本的共识,个别人的想法最终也无力"开动大帆船"。一位王姓当地人曾向我们说起他对油菜坡苏系家族文化复兴的看法:"搞家族复兴并不是那么简单的事情,首先思想必须一致,大家都想搞才搞得起来。像我们王家,太散了!我们老祖宗是从河南过来的,现在有人提起来说大家都在修家谱,我们也要修家谱,但是心又聚不齐,族谱搞到一半就搞不下去了。"由此我们可以窥见一斑,家族文化的复兴不仅需要宽松的外部环境和内部牵头组织者,更需要"众人拾柴"。油菜坡苏系家族的文化复兴是一个没有外力先行注入而纯粹由家族内部自发而成的行为,促使族众自发回归家族组织的基本点,是族人力图满足当下现实需要的诉求。这种诉求既包括族人对"我是谁?""为人安身立命的根在哪?"及"不想以后大水冲了龙王庙一家人不认识一家人"的朴素观念,也包括对当下家庭伦理道德失范的反思。

---

① 受访人:苏安发,受访时间:2020年11月1日,受访地点:苏天翠家中。
② 受访人:苏天铨,受访时间:2020年11月1日,受访地点:苏天铨家中。

首先，传统亲属关系网络松弛导致族人精神世界中"本体性"需求的缺位。由于历史的原因，保康县的移民新建家族普遍呈现出代际短、规模小等特征。当地辽阔的自然空间与狭小的生存空间之间的强烈矛盾反差，又促使家族组织不得不在稍有壮大后便面临支系脱离家族而另寻生存场域的困境。聚族而居的传统模式被现实中局限的生存承载空间所打破，血缘关系在地缘之上的维系也较为艰难。移民家族的发展繁衍普遍遵循着建构——壮大——支系分离——再发展的路径。因此，当地家族的聚居形态从点上看属于家族或支系聚居，从面上看则是多姓团状杂居，呈现出一姓数村和一村数姓的状态。为了不让分散而居的家族现实冲淡族人心中的家族观念，油菜坡苏系家族通过家族制度和礼俗活动不断提醒着族人的家族归属，使血缘根基和家族身份发挥强大的感召力。每年的族会、清明会或其他特殊节日、事件，族人都会翻山越岭共聚祠堂，或祭祀，或宴饮，或开会或生产互助，家族观念如同一根无形的纽带，不受路远地遥等外力的干预。中华人民共和国成立后，百姓的身份由族人向公民个体转变，家族组织失去意义，逐渐淡出人们的生活。虽然这一时期家族文化所遭受的冲击并未令其真正终结，但如何确定其历史与归属成为无解之谈。改革开放后，核心家庭的地位逐渐突出、个体的自主权逐步扩大、话语空间也日趋开放，这一切似乎强化了个体的个性与独立，却又使百姓陷入更大的对自我确定性的失去和彷徨。"原来我们这个支系都住在一个老屋场，相当热闹，那时候一个老屋场，一大排房子，房子挨着房子，我们这个支系的，光我们这一辈的在大竹园就有十个，都是我们姊妹伙的。过年在山上过场活，老一辈的打牌啊，我们宏字辈的就到处串门，吃瓜子、吃糖果，晚上放鞭、放烟花，热闹得很。后面为了生存，就东搬一家西搬一家，基本上就只有一家还在那里了。过年也没得那么多人一起拜年、吃团年饭了。讲个真实的例子，我前几天在下面工地上遇到一个人，说起来还是亲戚，他说我还得喊他叔叔。原来他的奶奶姓苏，活着的时候还和苏家走动得蛮密切，奶奶不在了，就和苏家没得来往了。要不是说起辈分，都不晓得我们原来还是亲戚。就是这样。也不晓得我们苏家到底有好多人。要是按原来那样发展，以后哪个老辈子叫什么都不知道，再过去晚点，太爷爷什么的都不知道了。一年不上坟，第二年就不晓得坟在哪里。舅老表、姨老表，都不走动，慢慢地也就都不认识了，有句老话说'一代亲二代表三代四代认不了'，家族互不来往，之间的关系就中断了。所以现在搞家族，这样搞只有好处没得坏处。我很怀念我们小时候的热闹，不像现在，再到我们儿子、孙子，除了晓得自己的姓，自己的根在哪里、祖宗是哪个都不晓得了。"[1]随着传统社会关系网络的松弛与淡化，各种礼俗活动圈子的缩小与单一，以及愈发单打独斗的社会趋势，百姓精神世界更显孤独，"本体性"需求严重缺位。

20世纪末，国家在对传统文化重视的同时，也对家族文

---

[1] 受访人：苏红武，受访时间：2020年12月19日，受访地点：重阳街上。

化进行了解禁，农民精神世界中潜隐已久的"本体性"需求被激活。汉人，特别是中国农民，对宗族有一种"本体性"的需求——历史感、归属感、道德感、责任感，集体力量可以转移或压抑这种需求，但不能代替或取消这种需求[1]。回归家族、回归谱系序列实现了人们对历史感、道德感、归属感、责任感等"本体性"需要的追求，因为宗族之所以能够在波涛汹涌的现代化浪潮中生存下来，并且在一个可以预见的将来，还会取得相当大的发展，就因为它关注的主题，正是这个时代所失落的关于人类的本体意义："我是谁？我从哪里来？我的根？"[2]正所谓"参天之木必有其根，怀山之水必有其源"，寻根溯源、认祖归宗是中国百姓的天性，也是推动苏系族人重归家族的文化支撑点。所以苏安发等人提出续修族谱、重建家族文化，得到了族人们的积极响应和支持，并且很多族人纷纷表示早就有这个想法了，但是觉得凭自己一人之力难以开展，现在家族既然有人提出来了，那就说干就干！更有外出打工或已在外地定居的人，虽然与家族或者故乡的联系逐渐减少，但是仍然能被家族感召，每年都会不辞劳苦地积极回乡参与家族事务，这也说明了家族在一定程度上满足了他们的精神诉求。

其次，激发油菜坡苏系族人参与家族文化复兴的另外一个更为现实的原因在于传统礼俗秩序的瓦解引发的乡村家

---

[1] 钱杭：《现代化与汉人宗族问题》，《上海社会科学院学术季刊》，1993年第3期。

[2] 同上。

庭伦理道德危机。20世纪末期,油菜坡苏系家族组织仍处于涣散状态,而市场经济的持续发展更进一步突出了核心家庭的独立性和自主性。传统亲属关系网络逐渐疏远,礼俗活动的"德治"、教化功能缓慢消退,亲情维系愈加淡薄,父辈与儿孙辈之间也不再有厚重的伦理期待,随之出现了各为各家、勾心斗角、自私冷漠等种种家庭伦理道德失范的现象。正如刘晓春在《一个人的民间视野》中所言:如果说1949年的民族解放运动完成了现代化民族——国家的建构;那么90年代以来的改革开放却是动摇着中国传统的信仰、道德与价值体系,无论是中国几千年来业已形成的传统观念,抑或当下占据主流地位的意识形态。"五四"以来的中国经历了众多的政治运动与民族斗争,但都没有从真正意义上动摇中国传统文化的根基,恰恰是市场经济的发展,政治资本、经济资本与文化资本之间的利益与共,使中国的道德、信仰与价值体系面临着前所未有的危机[1]。市场经济的发展带来了诸多社会问题,追逐金钱和利益至上的社会风气击溃了部分朴实的族人的道德、信仰与价值体系,他们开始不再像他们的祖辈那样在传统礼俗秩序的约束下恪守孝悌之义、谨遵道德之规,由此导致近年来不断出现父子不睦、兄弟不和、婆媳相争、妯娌吵闹等事件。"现在真是不比往年了,有的兄弟四个养不活一个老妈。有的为了家产兄弟几个打架,几年不来往。还有老公和老婆打架,把老婆手指都

---

[1] 刘晓春:《一个人的民间视野》,武汉:湖北人民出版社,2006年。

搞断了。还有的婆媳之间闹矛盾，天天吵来吵去。"[1]"我们小的时候，我们父母管我们管得严，从小就给我们立规矩，做错事了就要挨打。但是现在真是有的娃子不像话。还有一种怪现象就是，对小孩子过分溺爱，对老爹老妈又忽视冷漠，搞得三岁娃子比六七十岁老人还豪横。我给你讲一个真实例子，原来在我们段江，有一家子，80年代，在宜昌公安局打工，一年上十万，比较富裕，那时候就已经早早成为万元户了。但是不好好管教娃子，儿子姑娘看得娇贵，天天拿钱吃喝玩，把娃子搞得没得用了。喊我去帮忙教育娃子，我说那得好好管教，结果又舍不得打舍不得骂，还是放到娃子玩。那时候还是万元户，把全部家当搞败完，现在娃子还要领低保才过得下去。俗话说'富不过三、穷不过三'，不好好教育娃子，这就是教训！"[2]类似的例子还有很多，面对油菜坡苏系家族目前出现的家庭问题，老年人们说的最多的一句话就是"这要是放在往时候（以前），早就拖到祠堂里打一顿了！"显然，族人们对当下家族中所存在的部分不孝、不义、不仁、不和、令人不齿的行为深恶痛绝。而这些复杂的社会问题，恰恰是国家力量难以深入的细枝末节，也是普适性政策无法因地制宜的局限，自治与法治力量捉襟见肘。对此，在老一辈中流传的家族严明的家风和良好的家教逐渐成为对"今时不同往日"的唏嘘和缅怀。通过礼俗活动等形式对族人实施治理和教化，维持社会秩序，纠正不良风

---

[1] 受访人：苏顺恭，受访时间：2020年11月1日，受访地点：苏天翠家中。
[2] 受访人：苏安发，受访时间：2020年11月2日，受访地点：苏安菊家中。

气,成为这一时期家族成员支持家族文化复兴的迫切而现实的动机。

三、时代语境的引领推动

根据唯物辩证法的观点,任何事物发展变化的原因都不是单一因素使然,而是内因与外因的共同作用。如果说潜藏已久的"本体性"需求被激活是苏系族人复兴家族文化的内在动因,对家族中不良现象的反思与矫正是其现实动机,家族精英的主动担当为家族文化的复兴重构提供了人力资源,那么新的时代语境下国家对家族文化价值的重视与挖掘,则为家族文化复兴提供了时代的机遇和条件。

自党的十五大报告鲜明地提出建设有中国特色社会主义的文化,先进文化建设便在中国特色社会主义事业中占据了前所未有的高度和地位。"一个社会要想从以往的文化中完全解放出来是根本不可想象的,离开文化传统的基础而求变、求新,其结果必然招致失败"①,任何社会的文化建构都不能脱离传统而凭空求变,构建中国特色社会主义文化,中华民族的传统文化是其"根基"与"精神命脉"。正如习近平总书记强调指出:"博大精深的中华优秀传统文化是我们在世界文化激荡中站稳脚跟的根基"②,"中华民族创造了源远流长的中华

---

① 牛磊:《中国传统家族文化的现代审视》,《齐鲁学刊》,2020年第1期。
② 《把培育和弘扬社会主义核心价值观作为凝魂聚气强基固本的基础工程》,《人民日报》,2014年2月26日,第1版。

文化，也一定能够创造出中华文化新的辉煌"①。家族文化是中国传统文化的重要组成部分，"家族是中国文化最主要的柱石，我们几乎可以说，中国文化全部都从家族观念上筑起"②。在漫长的历史发展过程中，家族文化的意义早已超出乡土社会的范围、越过乡村主流文化的界定，而逐渐成长为传统文化的主导思想体系，使中国社会的各个层面都被其所渗透、影响和同化。在数千年的延绵存续中，家族文化不仅满足了不同时期人们的精神文化需要，并且经过岁月的洗礼和转化，正以新的文化内涵参与到当代伦理道德体系建构和中国特色社会主义现代化建设中，发挥着其作为传统文化核心部分所具有的现代价值。具体来说，家族文化对"忠诚国家""孝顺父母""和睦乡亲""勤俭耕读"等优秀传统观念的推行，对友爱手足、和谐夫妻、和睦家庭、团结乡邻等传统美德的提倡，对家族成员间互助、尊重、宽容等良好品性的强调，在增强国家和民族的凝聚力，构建当代社会道德体系，促进社会治理和乡村振兴，以及建设新时代中国特色社会主义文化等方面发挥着重要作用。

进入 21 世纪后，我党对传统文化的科学分析与坚定态度，更从理论角度肯定了家族文化的正面价值。党的十六大明确指出："坚持弘扬和培育民族精神"，党的十七大鲜明提出："弘

---

① 《习近平在全国宣传思想工作会议上发表重要讲话 胸怀大局把握大势着眼大事 努力把宣传思想工作做得更好》，《人民日报》，2013 年 8 月 21 日，第 1 版。

② 钱穆：《中国文化史导论》，北京：商务印书馆，1994 年。

扬中华文化,建设中华民族共有精神家园",党的十八大明确提出了"三个倡导"和"培育和践行社会主义核心价值观"。尤其是2014年,习近平总书记继中国特色社会主义的道路自信、理论自信、制度自信后,高瞻远瞩地提出文化自信,并强调指出"文化自信,是更基础、更广泛、更深厚的自信"这一具有创造性的论断,更加凸显了优秀传统文化的重要性。正是在这种民族文化自信的理论中,优秀家族文化获得了广阔的弘扬和传承空间,并不断释放出共建精神家园、增强文化自信、建构和完善中国特色社会主义文化体系的时代价值。

时代语境下对传统文化的重视和弘扬,为油菜坡苏系家族的文化复兴提供了契机和资源,将其所秉承的对族人向善、懂礼、讲规矩、做好人的教化观念重新赋予了价值,也使其承担的功能再次发挥作用。家族文化复兴的重要参与者苏顺敏说:"我们认为,清明文化和家族文化,是中国文化的重要组成部分。我们现在来传承和弘扬我们的清明文化和家族文化,实际上也是在从事一种文化建设,甚至可以说是在传承和弘扬中华民族的传统文化。正是出于这样的一种认识,我们不仅复兴了家族文化,还开启了一年一度的清明大会,并充分发挥了它的团结功能、协调功能、教育功能、约束功能和引导功能,使得我们的家族越来越有向心力、凝聚力,越来越有动力和活力。"[1] 正是基于这样的想法和认识,苏系族人开始了复兴家族文化的筹谋。"2012年正月初四,苏顺刚、刘勇、苏顺强我们

---

[1] 受访人:苏顺敏,受访时间:2020年9月11日,受访方式:电话访谈。

家族文化的复兴与重构
——以油菜坡苏系家族文化建设为个案

新年吃饭,我们在一起畅谈了关于我们油菜坡苏系家族的优良传统和现状。我想我们苏氏家族这些年来有些传统文化会丢失,我说我们是不是把我们苏氏家族的传统文化再发扬下去。我们虽说一个小家族一个家庭,只要和谐,只要搞好,是有教育意义的。"[①]2013年,以续修族谱、修葺祖坟、成立第一届家族议事会和举办第一届家族清明大会四件大事为标志,宣告了油菜坡苏系家族文化的复兴与重构。随后,族规、族训、族歌等系列家族文化要素的补充与完善,确定了油菜坡苏系家族在新的时代背景下对族人价值观念和秩序系统的正面引导与理性编织。在家族文化的影响和规约下,曾经涣散的苏系族人逐渐团结、凝聚,曾经时有发生的不孝、不仁、不睦等不良行为逐渐消失,积极、向善、互助等正能量行为逐渐增多。

对于油菜坡苏系家族来说,虽然其家族的文化复兴是一个没有外力先行注入而纯粹由百姓内部自发开始的民间行为,但是我党和社会各界对传统文化的重视、弘扬、继承与创新,为其家族文化的复兴与发展带来了充足的环境与条件,而这也为家族精英对家族现存问题进行反思提供了参照和动力。关于这一点,苏系族人毫不掩饰,甚至认为油菜坡苏系家族的文化复兴不仅与油菜坡苏系家族曾经有过的优良传统相契合,更是与国家弘扬优秀传统文化、唱响纯正家风主旋律的号召不谋而合:"2012年正月初四我们就坐在一起,商量我们这个家族的文化建设和家风建设,2013年清明节我们就搞起

[①] 采访人:雷娜。受访人:苏安发,受访时间:2018年4月5日,受访地点:苏家文化广场。

来了,并且很有成效。2015年习近平总书记说要注重家风建设,强调家庭教育,这时候我们已经搞起来了,搞了两三年,而且还不错,甚至还影响了其他家族,带动了我们这一方的家风、乡风建设。这让我们很有成就感,很有荣誉感。"[1]2015年,习近平总书记在春节团拜会上讲道:"家庭是社会的基本细胞,是人生的第一所学校。不论时代发生多大变化,不论生活格局发生多大变化,我们都要重视家庭建设,注重家庭、注重家教、注重家风,紧密结合培育和弘扬社会主义核心价值观,发扬光大中华民族传统家庭美德,促进家庭和睦,促进亲人相亲相爱,促进下一代健康成长,促进老年人老有所养,使千千万万个家庭成为国家发展、民族进步、社会和谐的重要基点。"在苏系族人看来,习近平总书记对家庭建设的提倡,以及近年来我党对家庭精神文明建设的重视,给予了油菜坡苏系家族复兴与重构家族文化行动充分的肯定,也成为促使他们继续做好家族文化传承工作最有力的鞭策和动力。

作为保康县第一个进行家族文化复兴的家族,其文化复兴的逻辑不仅来自家族成员的内部需求,也有着外部政策环境所给予的机遇和动力。但究其内里,在家族文化复兴与重构的过程中,家族成员是起决定性作用的关键因素,国家为其提供了一种宽松的外部环境。因此,这场由苏系族人自发兴起的民间行为,首先是家族成员个体情感和需求的表达,是家族意志的表达,其次才是时代话语背景助推的结果。

---

[1] 受访人:苏安发,受访时间:2021年4月5日,受访地点:苏家文化广场。

第三章　家族文化的传承载体

清明大会是一种古老的聚会形式。它是清明期间，各大家族开展的慎终追远、联络感情的民间聚会。在血缘观念浓郁的古代中国，祖先崇拜是人们最为普遍和强烈的信仰形式，它是以血缘关系为纽带，以灵魂不死为信念，以儒家高举的"孝"之大旗为依托，从本族亲缘关系之中衍生而出的尊崇始祖、敬拜祖先的思想。为了表达对祖先的追思和感恩，祈求祖先的保佑和庇护，各地家族都会在特定时期开展祭祀祖先、缅怀恩德的祭祖大会，从古至今、世代相袭。随着历史的发展，清明节气和有着传统墓祭习俗的寒食节、具有游乐功能的上巳节逐渐融会一体，发展成了有着在清明期间祭祖扫墓、郊游踏青的固定风俗的清明节，清明祭祖遂成为常态，清明大会也就成为家族在清明期间阖族共聚、同祭祖先的重大集会。古语有言"清明似大年"，足见民间对这一习俗的重视，以及阖族祭祖的盛大场面。明清之后，家族组织逐渐繁盛，家族势力不断扩大，清明大会的主要内容也不再仅仅只是慎终追远和联络感情，而是成为敬宗收族、教化族众和彰显家族势力的必要手段。日益繁荣的清明大会，在传承民俗之余，也成为蕴藏着忠孝礼法、伦理秩序、谨严家风等优秀传统文化的天然载体，成为家族活动的主要形式和家族文化的重要表征。因此，在 20 世纪 80 年代，经历了中华人民共和国成立后猛烈冲击而已然隐匿的家族文化，在全国各地又悄然出现复兴之势时，重开家族清明大会成为这一复兴浪潮中最鲜明和最普遍的标志。

作为移民历史较短的家族重建地区，保康县内并没有发育出庞大、复杂的家族组织，也没有形成丰富的家族仪式和足够的家族文化符号，家族亲缘关系的维系和文化的传承主要通过习俗来实现，而清明大会就是当地家族最主要的习俗活动。油菜坡苏系家族清明大会，是油菜坡苏系家族传承百年的重要习俗，它储存了家族的历史记忆，承载了家族文化的核心内涵，也是油菜坡苏系家族表达家族理想与宗旨的重要载体。所以油菜坡苏系家族在复兴家族文化的同时，也开启了一年一度的清明大会活动。在苏系族人的共同努力与坚持下，不仅打造出具有时代特征的新型清明大会，还形成了远近闻名的家族文化品牌。

本章以油菜坡苏系家族的清明大会为观察对象，通过田野调查与实地访谈，结合笔者亲自参与的2021年度清明大会，以及历年家族清明大会视频，对油菜坡苏系家族文化的实践载体——清明大会进行细致的深描，对清明大会中的文化活动形式及其所蕴含的文化意义等问题展开探索和思考。

第一节 清明大会的发展脉络

油菜坡苏系家族清明大会，是油菜坡苏系家族在清明期间举办的家族聚会。这项传统的民俗活动，在苏系族人的代代传

家族文化的复兴与重构
——以油菜坡苏系家族文化建设为个案

承中，年年相继。直至中华人民共和国成立后，家族文化遭受了巨大的冲击，油菜坡苏系家族清明大会也因为失去了存在的条件而走向瓦解。但是这种瓦解，只是以压抑的形式转为隐匿，而并非决然消失。它以"人死众家丧"和单家独户各自上坟扫墓的形式持续存在。每逢清明节前后，各家的老人都会带领后辈子孙去给逝去的长辈挂清上坟，并向他们讲述家族的祭祖往事。习俗和口传记忆在代际间的展演传承，使得油菜坡苏系家族延续性地保持着祭祀的传统和根基性的家族认同，也为油菜坡苏系家族清明大会的重启提供了心理基础和情感土壤。

一、清明节俗的历史源流

"清明时节雨纷纷，路上行人欲断魂"，这句耳熟能详的诗句，道出了清明时节行吊之人伤心欲绝的悲思愁绪，也记录了传统时期在小雨纷纷的清明时节人们对已逝祖先的追思和哀悼。清明节，又称踏青节、行清节、三月节、祭祖节，节期处于仲春与暮春之交，是中华民族传统而盛大的春祭节庆。清明节既是一个节气和节日，又指清明期间开展的各种民俗活动。它由最初的节气，发展而成融自然节气和传统民俗于一体，兼具自然意义和人文内涵的重大民俗节日，是历史条件下的自然发展，也是中华民族先祖们追求"天、地、人"的和谐合一，讲究顺应天时地利、遵循自然规律思想的充分体现[①]。清明大会作为清明节俗中的一项重要民俗活动，与清

---

① "我们的节日·清明"，主办单位：中共福建省委文明办，http://wmf.fjsen.com/topic/node_178947.htm。

明节的历史源流有着密切的关联。

(一)清明节气

作为一个节气,这是清明节最初的职能。节气,是干支历中表示自然节律变化及确立"十二月建"(月令)的特定节令,它是物候变化和时令顺序的标志,也是指导人们进行农耕生产的岁时规律。上古先民通过观察天体运行和四时规律,将太阳周年运动轨迹划分为二十四个等份,每一个等份代表一个节气,以立春为始,以大寒结束,总共二十四节气。清明是其中的一个节气,其命名的由来与当时的天气物候相关。据西汉时期的《淮南子·天文训》记载:"春分后十五日,斗指乙,则清明风至。""斗指乙"意为北斗七星的斗柄指向干支历中的"乙",此时"清明风至",处处吹拂着清爽明净之风。《岁时百问》解释说:"万物生长此时,皆清洁而明净。故谓之清明。"清明之时,正处阳春三月,阳气旺盛而阴气衰退。这一时节,气温升高,降雨增多,吐故纳新而生气旺盛,正是播种耕耘的大好时节。"清明种菜、有吃有卖""植树造林、莫过清明""清明前,好种棉,清明后,好种豆"等民谚记录了清明作为古代农业生产重要节气的农耕特点。此外,宜人的天气和舒适的温度,也吸引着人们走出家门、走向田野,在一片生机勃勃的自然之地享受娱乐嬉戏的美好时光,"天人合一"的传统理念在清明节气中得到了生动体现。此时的清明虽然只是二十四节气的其中之一,但其所处的时间节点和天气物候特征为清明节俗的发展演化带来了天时、地利与人和。

（二）清明节日

虽然作为时序标志的清明节气出现较早，在汉代就已经有了明确记载，但兼具节气和节日两种身份的清明节形成于唐朝时期，是古已有之的清明节气与时间相近的寒食节、上巳节三者相融而形成的重大节日[①]。

寒食节是中国古代的一个重要节日，得名于禁烟火、吃寒食即冷食的习俗，所以又被称为"禁烟节""冷节""百五节"，是传统时期中国民间的第一大祭日。相传，寒食节的来源是为了纪念春秋时期晋国著名的忠臣介子推。晋文公在流亡期间，曾受介子推割股充饥之恩。在其归国为君后，为逼介子推出山受赏而放火烧山，不料介子推执意归隐而抱着母亲烧死在一棵大柳树下。为纪念介子推，晋文公将烧山之日定为介子推的忌日，并在这一天严禁烟火。《荆楚岁时记》对此也有记载："介子推三月五日为火所焚，国人哀之，每岁暮春，为不举火，谓之'禁烟'，犯则雨雹伤田。"事实上，根据已有的史料记载，禁火之俗并非因之而起，而是起源于更早的远古时期，周代时寒食节禁火就已经成为固定习俗，祭祀介子推而实施禁火只是民间附会。但是随着这项附会的传播范围愈加广泛，寒食节的文化内涵遂扩大为禁火、吃寒食和祭祀介子推这三项习俗。唐以后，寒食节的习俗又增加了扫墓和游玩，并受到了朝廷的重视而被固定为扫墓祭祖的全

[①] 在学界，清明节与寒食节融会一体的观点学者们已经基本达成共识，清明节与上巳节的融合问题尚存争议。本书借鉴黄涛《清明节的源流、内涵及其在现代社会的变迁与功能》一文的观点，采用三者融合之说。

国性假日。成为公假的寒食节与清明几乎连为一体，两者在习俗内容和时间上渐行渐近。在不断的交融转化中，寒食节逐渐被清明代替和兼并。发展至今，多地百姓"只知清明而不知寒食"，清明节已然取代寒食节而成为祭祀先人、表达追思的节日。

上巳节又称三月三，是郊游踏青、临水宴饮的节日，也是清明节中踏青郊游习俗的继承来源。上巳节大约形成于春秋末期，其最初的习俗活动主要是在水边举行祓除仪式，以流水洁净身体来去除污渍和秽气，史称"祓"或者"禊"。在祓禊之余，人们在上巳节也会迎春赏游、示爱交友。魏晋后，上巳节中春游聚会之意愈发浓郁，水中祓禊的意义大大减弱。直至唐朝，"唐朝赐宴曲江，倾都禊饮踏青"，"三月三日天气新，长安水边多丽人"，"上巳曲江滨，喧于市朝路。相寻不见者，此地皆相遇"，上巳节已然成为"曲水流觞"、宴饮郊游、男女示爱的盛大节日。由于时间临近，上巳节中郊外游春、踏青寻乐的活动习俗也逐渐被紧随其后的清明节整合。至此，清明节逐渐成为集清明节气、寒食节和上巳节习俗特点于一体的民俗节日，在明清达到鼎盛并延续至今。

（三）清明节俗

自唐以后，清明节兼并了寒食与上巳两个节日的习俗并取而代之，清明期间全国各地百姓尽情享受节日，开展了内容丰富、形式多样的民俗活动，其花样之多可媲美春节。总的来说，清明节习俗可以分为三大类：清明祭祀、娱乐春游和饮食清明食物。

清明节是中国传统的春祭大节,与举行秋祭的重阳节并称"春秋两祭",祭祀活动是清明节的重要和首要活动。清明节主要祭祀本族的祖先和逝去的族人,祭祀的时间一般在清明节前后。清明祭祀是一个全民参与的民俗活动,上至君主、下至百姓,举国齐悼、全民祭拜。唐朝时,清明归乡扫墓已经被朝廷确定为固定习俗而专设假期。宋以后,每逢清明节官员士庶俱出郊省墓。每年的清明节,国民往往倾家出动,场面盛大。根据祭祀场所的不同,清明祭祀可以分为墓祭和祠堂祭两种。在古人看来,墓地是安放祖先肉身、祠堂是供奉祖先灵魂的不同场域,墓地和祠堂分别承载着祖先世俗和神灵的双重世界。在墓地祭祀,为祖先烧纸上香奠酒并供奉祭品,能够更快更好地传达至祖先,因为墓地是世人与祖先距离最近的地方,也是孝思与亲情难以掩藏的空间,所以墓祭是清明祭祀最普遍的方式。根据习俗,清明墓祭一般在上午进行,扫墓时人们携带瓜果酒肉等贡品,将贡品摆放于坟前,焚香烧纸并悬挂"清明吊",俗称"插清"。仪式的最后要磕头祷告,行礼拜祭。有的还会修整祖先的坟墓并培土,以表达孝道和怀念之情。清明祭祀的另一个场所是祠堂,也称祠堂祭或庙祭,是同一家族的全体成员共祭祖先的祭祀活动。祭礼完毕还要饮福受胙、开会议事和同吃清明宴。祠堂祭是家族内部的共同聚会,是团聚族人、联络感情、教化族众和敬宗收族的重要节日,很多地方直接称之为"清明会""做清明""吃清明""清明大会",或者直接冠以姓氏,称"×家会"。有的家族因规模过大,筹办清明大会任务繁重，就成立了"清明会"组织，这是一个以筹办清明大会为主要工作内容的家族祭祀性会社组织。据相关资料记载，我国安徽[1]、河北[2]、四川[3]、山西[4]、湖北[5]、湖南[6]、辽宁[7]、西南[8]等地都有过清明会这一组织。清明会社的普遍存在，也说明了传统时期家族对祠堂祭的重视，正如冯尔康所言：清明会任务虽较祠堂单纯，然已成为宗族的正式组织，其实质与祠堂相同[9]。

娱乐春游是清明节中与祭祀占有同等地位的活动。如前所述，清明时节气候宜人，万物复苏而一片生机勃勃，不仅是播种耕耘的大好时节，也是踏青春游的最佳时光。在讲究"天、地、人"和谐合一的古代中国，顺应地利天时、遵从自然规律、依从人性冲动，是先祖们的共同追求。祭祀之后踏青郊游，就成为清明节的两大礼俗主题。哀而不

---

[1] 卞利：《明清时期徽州的清明会及其清明墓祭活动初探》，《安徽史学》，2019年第3期。

[2] 黄宗智：《华北的小农经济与社会变迁》，北京：中华书局，1986年。

[3] 四川省平昌县政协学习文史委员会编：《平昌县文史资料》第7辑《平昌风情》，2006年。

[4] 侯娟：《明清以来的民间信仰与乡村基层组织——以山西榆次八社十三村为例》，山西大学硕士论文，2008年。

[5] 黄词：《历史记忆与族群认同——以湖北鹤峰三家台蒙古村为例》，《民族论坛》，2012年第4期。

[6] 曾国荃：《湖南通志》，清光绪十一年刻本。

[7] 黄其伦编纂：《海城黄氏宗谱》，呼和浩特：内蒙古人民出版社，2004年。

[8] 冯尔康：《清代宗族祖坟述略》，《安徽史学》，2009年第1期。

[9] 同上。

伤、悲而不戚，兼具伤感与快乐的氛围也成为清明节的一大特色，这种特色被世人称为"生死并置"，自古传承，至今不辍。传统时期的清明节，人们祭祀完毕往往会来到郊外，尽情嬉戏游乐：踏青、插柳、牵钩（拔河）、射柳、蹴鞠（踢球）、放风筝、荡秋千、斗鸡、迎蚕神、耍龙灯、翘高竿，如此等等。不同地域也形成了不同的清明习俗活动，比如溱潼清明会船节，傣族清明放水灯，湘西清明赶歌会，扎鲁特蒙古族清明剪马鬃，浙江仙都祭皇帝，都江堰清明放水节，乌镇蚕花会等。

清明节不仅有形式多样的习俗活动，还有丰富多彩的饮食习俗。由于清明节承继了寒食节吃冷食的习俗，在许多地方仍然保留着清明节吃冷食的习惯，并且依据当地的节令菜蔬制作出不同的清明饮食。潮汕人清明吃薄饼、朴籽粿，即墨人吃冷饽饽，莱阳人吃冷高粱米饭，泉州、厦门人吃润饼菜，闽东畲族吃乌稔饭，福州吃菠菠粿也叫清明粿，浙江南部吃清明果，北方一些地区吃子推饼，还有一些地区在清明节吃青团、清明粑、清明粽、清明草煮鸡蛋、青粳饭、环饼、馓糍、桃花粥、干粥等节令食品。除此之外，很多地方还会将祭祀当天敬献给祖先的贡品进行分食，因为古人相信进贡给祖先的祭品被赋予了福气和消灾除难的神圣力量。

作为一个传承久远，有着丰富文化内涵的传统节日，在新时代的当下，清明节仍然保持着强大的社会功能和旺盛的活力。2007年，我国将清明节确定为国家法定节日，成为继春节、端午节、中秋节之后的第四大传统节日。这一举措更加强调了清明节的当代价值和作为传统民俗节日的重要性，也意味着对清明节文化传统的传承和保护被纳入国家法定的范畴。国家对清明节的重视，提醒着人们不忘传统、重视清明，引导着人们关注和弘扬古老节日背后的清明文化。作为清明节俗的一项重要民俗活动，清明大会是清明文化内涵的天然载体，也是家族文化的重要表征。重启清明大会，是重启传承久远的清明文化，也是重启礼敬祖先、慎终追远的文化传统。

二、口耳相传的久远故事

"社日家家除墓草，清明处处上坟烟"，清明节是全体国民共同祭祀的传统节日。根据祭祀场合的不同，清明祭又可以分为墓祭和祠堂祭两种，祠堂祭是家族在祠堂举行的祭祖活动，又称清明大会。光绪时期的《顺天府志》曾有记载："清明日，各祭于先茔，加新土，供牲醴，焚纸钱。祭毕，乃烊馔，享馂余。少长咸集，谓之清明会。"[1] 清明大会的祭祀对象是家族的始祖和逝去的亲人，这一观念来自程颐"冬至祭始祖"[2] 的思想，后被朱熹引入《家礼》，并进一步成为民间祭祀最广泛的法理基础。清明节受其影响，以始祖为祭祀对象，但对于移民家族来说，家族祭祀的"始祖"则为"始迁祖"或"进山祖"。

---

[1] 张之洞、缪荃孙纂：《顺天府志》，收于《中国地方志集成》（北京府县志辑），第1册，江苏古籍出版社·上海书店·巴蜀书社，1990年。

[2] 程颢、程颐：《二程集》，王孝鱼点校，北京：中华书局，2004年。

家族文化的复兴与重构
——以油菜坡苏系家族文化建设为个案

保康县是移民家族重建地区，大部分移民来自江西、陕西、山西等地。移民百姓的家族繁衍和体系建构对家族在当地的立足和发展有着重要影响。清明大会的祭祖传统和联络感情、凝聚人心、教化族众等功能，正好是家族组织构建和家族文化实践的最佳载体。所以传统时期的保康县十分重视清明节和家族大会，即使部分家族规模较小、族产薄弱，无法年年开展，也会隔年一次准时召开。一位苏姓老人告诉我，保康县十分重视清明节，保康县的家族也非常重视清明大会，甚至将之视作与春节同等地位的节日。"在往会（过去），我们这边特别重视清明节，每到清明节前后，各家各户都要提前准备好'清明吊''纸钱'，到了那一天，天不亮就提起东西去老祖宗的坟前，把供的祭品摆好，把清明吊插上，然后烧纸。清明吊是必不可少的，它是老祖宗在阴间赶会场时用的'通行证'，没得它我们烧再多的钱都没得用，老祖宗都收不到。这个纸也不是一般的火纸，必须要家中最长的长辈用铜钱一个一个印出来，意思给祖宗烧的也是一个一个的钱。烧的纸不能烧完，还要最后留一沓卡在坟包的空隙处，或者用石头压在坟包上，叫作'压纸钱'，你压了纸钱代表这座坟有孝顺的子女来上过坟，旁边的坟墓也不会觉得我们自己的老祖宗没得人烧纸而欺负他。"[1] 保康县对清明节插清明吊十分重视，这源自当地耳熟能详的一个传说故事：相传从前荆山有一个书生，他的父亲为了让他能够继续

---

[1] 受访人：苏顺恭，受访时间：2020年11月1日，受访地点：苏顺恭家中。

读书求仕，在伐木中被树木砸死了。书生安葬了父亲后外出考学，到了清明节那天也没有给父亲的坟墓上插清明吊。有一日夜里，书生梦见了父亲。父亲指责书生不孝，让他在阴间倍受折磨。原来，到了清明节这天，阴间要举行清明大会。每个亡灵要高举着清明吊参加评选，看谁的清明吊漂亮。没有清明吊的亡灵则被赶出会场，被罚苦工。听罢，书生赶快跪下给父亲磕头，哭着承认自己的过错。哭着哭着，书生醒了。书生便把自己在梦中见到的情景告诉给荆山的人们。第二年清明节前夕，书生给父亲的坟墓上插满了清明吊，以弥补自己的过错。从此，不管是再忙的荆山农人，还是再远的异地学子，总是在清明节前夕回到故里，为亲人的坟墓插满清明吊。在当地的田野调查中，几乎遇到的每位老者都能大概地讲出这个故事，他们告诉我，清明吊这个故事不是单纯地告诉世人在清明节一定要插清明吊，而是告诫人们要懂得感恩祖先、孝顺长辈。在一代又一代保康人的口耳相传中，清明祭祖的习俗得到了很好的传承。清明节当天，无论身居何处，都要回乡祭祖。倘若不能回，也一定要委托他人代插清明吊。

对于当地家族来说，清明节更是家族的一项重要民俗活动。《保康县志》对此有详细的记载："在清明前后，主要活动是'插青上坟'，即到先辈坟前摆祭品、烧纸钱、燃放鞭炮，叩拜祭奠，继而在坟上插'清明吊'、'压纸钱'，或'培坟'（修理坟墓）。晚清民初大族举办'清明会'，由族长主持，用族田租稞宴席，进行祭祀活动。族人到齐后，抬上祭品至祖茔地，由族长领头培坟祭奠后，在茔地共进野餐。有借此节日，由族长进行族规教育、对违反族规家教的不肖子孙，当众实行家法责杖，对男盗女娼严重辱没祖宗又不悔改者，当众勒死在祖坟前。"① 在苏系族人的记忆中，也保留着传统时期家族开清明大会的情景："我的爷爷以前就当过我们家族的族长，过去家族管得很严，吃喝嫖赌、坑蒙拐骗、忤逆不孝的人，在清明会上就会选出几个典型来，要用家法，族长可以施行族法，打这个人，还要把罪行刻在碑上，立一块碑让大家引以为戒。严重的还要拉到祖坟，用绳子勒死。不孝顺父母的就要让晚辈来打，也会让小孩去打忤逆不孝的人的脸，打的不疼，主要是'打脸'，让他没有面子，目的是教育家族的人要守规矩、要孝敬老人。"② "我们的老祖宗在落家岭旁边买了一块地做清明会上福利用的，每两年开一次清明会。收了租子，一年用来管理家族，一年用来开清明会，一年一开没得钱。清明会上也是很严，苏家的子孙后代，哪一家有不孝顺的，清明会上就要挨批评，挨打。"③ "小时候清明会就是去吃吃喝喝，玩的都有。以前有不团结的，就要让大家团结，维好关系，团结致富。不孝顺的，就要批评，当场批评，当场教育。"④ "我爷爷原来是族长，听他说起过，以前开清明会严

---

① 湖北省保康县地方志编纂委员会编：《保康县志》，北京：中国世界语出版社，1991年。
② 受访人：苏安发，受访时间：2020年10月31日，受访地点：苏安发家中。
③ 受访人：苏天铨，受访时间：2020年10月31日，受访地点：苏天铨家中。
④ 受访人：苏天翠，受访时间：2020年11月1日，受访地点：苏天翠家中。

第三章 家族文化的传承载体

得很，不听话的、忤逆不孝的、品德差的，清明会上族长就要批评他、打他。以前我们的祠堂外面立的还有碑，上面刻着我们家族的律例和族规。"①

传统时期的油菜坡苏系家族由于家族规模较小，且经济并不富裕，所以只能每两年召开一次清明大会，也没有设立专门的清明会组织。每逢清明大会，族长会率领众人举行隆重的祭祖活动，祭祀完毕后会全体族众召开家族会议，共同商讨家族大事，或者惩处触犯族规的族人。清明会也很好地充当了家族的慈善和救助机构，不仅为族人排忧解难，还会将富余的租金和粮食拿出来分给大家，救济贫困。

间年一次的清明大会一直延续到中华人民共和国成立前。1947年，全国开展土地改革运动，油菜坡苏系家族的祠堂和族田都被分给其他村民。随后开展的整编生产队运动对油菜坡苏系家族的组织结构造成了冲击，家族走向瓦解。祠堂和集体祭祖消失，改为单家独户各自墓祭。清明大会的中断并未造成苏系族人讲述家族历史的中断，相反，随着家族繁衍人口逐年增加，家族规模走向壮大而家族观念越发淡薄，加之道德失范行为屡见不鲜，人们对清明大会的讲述仍在延续。这种讲述不仅是利用口传记忆回忆曾经，更是试图从传统民俗中寻找反思的力量和解决的出路。这种讲述是一种"惯性回忆"，也是一种文化自觉，在每年的清明节期间会更加活跃和频繁。

---

① 受访人：苏安菊，受访时间：2020年11月2日，受访地点：苏安菊家中。

三、一年一度的清明大会

民俗是经历千百年的文化积淀,在历史发展过程中逐渐形成,并反复出现、代代相习的生活态度、行为方式、伦理观念和文化现象[①]。民俗一旦形成,便会渗透进人们生活的方方面面,并随着历史的发展和时代的更替呈现出极强的穿透性和传承性。家族清明大会是中国传统的一项重要民俗活动,它虽经岁月砥砺、几遭贬抑、一度中断,但在新时期的中国重又回归民间、走向复兴。这既显示出清明大会的延续性和传承性,同时也体现了其作为一项民俗活动在当下社会中存在的合理性。2012年,油菜坡苏系家族在复兴家族文化的同时,也返归民俗场域,重启了一年一度的家族清明大会。重启后的清明大会,大致可以分为会前筹备、会中流程和会后整改落实三个部分。

(一)会前筹备

1. 正月初九常委会

每年正月初九,油菜坡苏系家族议事会全体委员、各支系代表都会齐聚马良苏家花园召开常委会,共同商议本年度清明大会的相关事项。这是油菜坡苏系家族全年中最重要的一次常规会议,也是关涉当年清明大会顺利召开的关键会议。会议的内容包括:确定本年度清明大会的召开时间;总结上一年度家族中发生的大事、好事、喜事,以及存在的问题和不足,并撰写家族报告;推举、评选年度杰出人物奖、创业

---

① 钟敬文主编:《民俗学概论》,上海:上海文艺出版社,1998年。

人物奖、孝顺人物奖、进步人物奖和提名奖；确定清明大会的流程，明确各项准备工作的负责人员；通知并确定参会人数，包括各支系族人和外邀嘉宾；确定文艺节目的内容和表演人员；确定并采购所需奖品、奖状、零食点心等。会议结束后，各项工作的负责人就会按照分工，各自准备相应的工作，确保每项工作都落实到人、落实到事、落实到位。

2. 筹措家族发展资金

传统时期的油菜坡苏系家族有共同的族产用于开展清明大会。中华人民共和国成立后，家族组织瓦解，家族族产也被没收。新时期复兴的油菜坡苏系家族失去了传统族产这一经济支撑，只能依靠其他方式筹措资金，族人的捐款便成为获取资金的首要方式。为此油菜坡苏系家族专门设立了家族发展基金，并成立家族发展基金管理小组负责资金的筹集和管理。因此筹集资金也是确保清明大会顺利召开的一项重要准备工作。

油菜坡苏系家族发展基金的筹集有两项不成文的约定：一是以自愿为主，是否捐款在于族人的心意，不捐款的族人依然可以参加清明大会和家族其他活动；二是数额不限，捐款金额没有硬性规定，族人依据各自的经济条件捐款，但普通家庭的族人以两百元为上限。这两项约定给予族人充分的信任和空间，捐与不捐、捐多或捐少族人拥有极大的自主权，且不作为能否参加清明大会的条件。但令人惊讶的是，苏系族人中上至年迈老人，下至青年男女，都非常积极地进行捐款。从每年捐款情况来看，捐几十、几百的人有之，捐几千、上万者也不在少数。据担任家族发展基金管理小组会计一职的苏红芳介绍说："族人们捐钱还是很积极的。每年到捐钱的时候，大家都非常积极地转微信或者给现金给我。有一位叔叔住得离我们这里很远，每年都专门坐车来送基金。还有一位族人，年纪很大了，住在深圳，去年一次性捐了一千元。还有一些出嫁的苏家姑娘的子女都会积极地捐钱，几百块、几千块的都有。有些家里面比较富裕的族人，年年都捐几千上万块。都说这是自己家里的事，出点钱尽点心都是应该的。"[1] 在族人们看来，为家族捐钱相当于"多走了一个人家"。"走人家"是当地的方言，意为有红白嫁娶等事，亲朋好友带着钱物去祝贺或随礼。以"走人家"来比喻为家族捐献钱财，一方面说明族人认为家族清明大会也是一种交流感情、增强亲情的活动；另一方面，在当下"走人家"成为普遍常态的农村社会，"走"这一字蕴含着有来有往、有出有入的人情交换心理。族人为祭祀祖先捐款，既是感恩祖先、表达孝思的方式，同时也是强化家族身份、追寻精神层面满足的体现。他们认为捐款虽然是一种物质损失，但却能够换取更高的精神超越："我们为祭拜我们的老祖宗捐点钱，是应该的。多的多捐，少的少捐，老祖宗都看得到。他们会保佑我们平平安安、顺顺利利，做啥子都顺、都发财。"[2] 除此之外，每年清明大会期间，油菜坡苏系家族也会将所有参与捐款的族人的姓名和金额制作成红纸黑字的捐款榜单，张贴于文化广场上予

---

[1] 受访人：苏红芳，受访时间：2020 年 11 月 1 日，受访地点：苏天铨家中。
[2] 受访人：苏天翠，受访时间：2020 年 11 月 1 日，受访地点：苏天翠家中。

以公示。在族人的围观、讨论中，也会无形地形成乐捐、都捐的舆论氛围。

值得注意的是，在捐款的族人中不仅包括家族男丁，已经出嫁的苏姓女性及其子女也会主动捐款。例如嫁与溪峪郝姓人家的苏安菊说："我年年都会捐款，我的姑娘、儿子也捐过。家族弄起来了这是好事，喊我们回去参加清明大会我们很高兴，所以也很乐意捐钱。"① 复兴后的油菜坡苏系家族对家族女性的重视激发了她们对家族的认同感和主体意识，为家族捐款正是她们对家族接纳其身份的回应。

3. 会务准备

会务准备是清明大会召开前的最后一项准备工作，其妥当完善关系到清明大会的顺利开展。因此早在清明大会举办的几天前，负责各项工作的族人们就开始紧张地忙碌起来。他们各司其职、严谨细致地做好所有会前准备工作，包括核对到场的族人及嘉宾人数，准备祭祀需要的清明吊、花篮、香烛、鞭炮、纸钱等相关物品，采买清明宴席所需的食材，布置会场的桌椅等。家住文化广场附近的族人也会自发前来帮忙。

（二）会中流程

1. 祭祖

清明大会的祭祀对象，是油菜坡苏系家族的进山始祖苏必刚，其他先祖由各支系后人另行祭祀。祭祀仪式在苏必刚

---

① 受访人：苏安菊，受访时间：2020年11月2日，受访地点：苏安菊家中。

的坟前举行，仪式开始于上午九点，分为诵读祭文、墓祭两个流程。会长诵读祭文后，所有族人按照辈分高低站立，逐代行三拜九叩之礼，然后上香、烧纸、奠酒、放鞭。整个祭祖仪式井然有序，氛围庄重。没有了传统时期的繁文缛节，废去了旧时的陈规陋习，只以诵听祭文和祭拜行礼为主要仪程，以此来唤起族人同根同脉的家族观念和崇本敬宗的感恩情怀。

2. 家族会议

家族会议包括宣读家族报告、评议家族报告和表彰先进人物三项环节。家族报告是对家族上一年度情况进行的总结和汇报，由家族议事会会长或副会长宣读报告。家族报告分为总结成绩、指出问题、提出建议三大板块。报告的内容由每年正月初九，各大支系负责人开会讨论总结后再指派专人起草。评议家族报告包括族人评议和到场嘉宾点评两种方式。表彰先进是对评选出的家族年度杰出人物、年度创业人物、年度孝顺人物和年度进步人物进行表彰的环节，先由家族议事会成员宣布获奖名单，宣读颁奖辞介绍其先进事迹和经验，接着获奖族人上台领奖，并发表获奖感言。

3. 文化娱乐

文化娱乐包括文艺表演和同吃清明宴两个环节。文艺表演既有家族成员带来的本土节目，也有特邀嘉宾的节目，和外地歌舞团的专业表演。同吃清明宴，是每年清明大会的最后一个流程。所有到场族人和嘉宾围坐在文化广场上的一个个圆桌旁，共享清明家宴。

4. 机动环节

除开上述固定流程外，油菜坡苏系家族在每年的清明大会上还会穿插一些嘉宾讲话、乡邻发言、诗文朗诵、拍照留念等灵活机动的环节。此外，清明大会还曾经多次安排了自由发言时间，每位与会者都可以及时上台吐露心声。

（三）会后整改落实

与传统清明大会相比，复兴后的油菜坡苏系家族清明大会还增加了会后整改落实部分，主要是针对家族报告中所提出的问题进行及时有效的落实整改，确保问题得到妥善解决。例如针对不赡养老人的族人，家族议事会成员会不定期去其家中走访，实地查看老人的生活状况，摸一摸他们的内衣鞋袜，看一看他们的被褥床铺，尝一尝他们的饭菜饮食，听一听他们的闲聊心愿，切实地关心老人的生活日常，督促其子女真正做到养老、敬老、孝老。针对手足不睦、夫妻不和、父母与子女不融洽的家庭，家族议事会也会经常去他们的家中走访，向他们宣传亲情的无价与包容的重要性，促使家庭内部形成理解、宽容、体贴、和谐的氛围，以亲情来感化亲人，以缘分来化解纷争。针对不思进取、好吃懒做的族人，家族议事会也会为其量身定做整改方案，帮助他认清现实、放弃幻想，并尽快投入自力更生的工作和生活之中。

第二节　清明大会的主要议程

祭祖、议事和宴饮，是传统时期油菜坡苏系家族清明大会的三项主要活动,目的是在阖族共聚祭祀祖先之余,实现敬宗收族、增强家族凝聚力的作用。2012年,油菜坡苏系族人在复兴家族文化的同时,也重启了一年一度的清明大会习俗。在延续传统的基础上,油菜坡苏系家族对清明大会的内容和形式进行了现代性调适,将清明大会的固定议程调整为集体祭祖、家族报告、表彰先进、文娱表演和清明宴会五个单元。调整后的清明大会,是油菜坡苏系家族在对传统清明大会兼收并蓄的基础上,吸取精华,剔除糟粕,打造出的具有新时代特征的新型民间清明大会,不仅更加贴合当下族人的生活需要和精神需求,也为当代家族文化建设提供了一个可供参考的范本。

一、集体祭祖单元

祭祖,是清明大会当天最主要的活动之一,也是清明大会的首要任务和核心活动。换句话说,正是为了祭祀祖先、缅怀先祖才有了家族清明大会。清明祭祖,源于古人坚定的祖先崇拜和灵魂不灭的原始信仰。在古代,对于已经逝世的祖先,古人会建造墓穴安放他们的肉身使其入土为安,还会建造庙宇祠堂供奉祖先的灵魂使其"有所依止"。唯其种种,祖先才会安息,并给予后世子孙源源不断的保佑与荫庇。因此,祭祖是传统家族活动中永恒不变的主题。重启后的苏系家族清明大会也延续了传统清明大会的祭祖活动,并对其进行了转化和改造,将原本烦琐的祭祖程序予以简化,而更加突出其仪式感和象征意义。

油菜坡苏系家族清明大会的祭祀对象，是他们的进山始祖苏必刚。祭祀仪式在苏必刚的坟前举行，这是进山始祖肉身的安放之地，也是"合族发祥之地"，具有十分重要的意义。苏必刚的坟墓坐落于油菜坡周家畈，在族人的修整下显得圆润饱满，高大雄伟。每年清明节，在后人敬献的彩旗、清明吊、鲜花的映衬下更显雍容华贵，气象万千。清明大会开始于当天早上的九点整，祭祖仪式定于上午十点。当天天还未大亮，族人们纷纷动身前往苏必刚的坟墓所在地。到达后将携带的清明吊、菊花供奉于坟前，称为"挂清"。之后来到祖坟旁的文化广场就座，等待大会的开始。十点左右，祭祖仪式正式开始。每年的祭祖仪式都是由家族议事会会长担任主持工作。本节笔者以亲自参加的2021年度油菜坡苏系家族清明大会祭祖仪式为例：

1. 默哀

在油菜坡苏系家族议事会会长苏安发先生的引导下，全体家族成员起立，向上一年度逝世的亲人们默哀。默哀仪式简短却饱含深意，是对逝去的亲人们最沉痛的哀悼和怀念。每一位族人都双眼紧闭，神情悲痛，低头默哀。

2. 上大香

每年的祭祖仪式，都有三位族人代表在会长的安排下依次上台，领取大香。领取大香的三位族人的身份极有讲究，是在不同辈分的后人中挑选的品行端正、德才兼备的族人。在2021年清明大会上，苏会长宣布："现在请油菜坡苏系家族德高望重的苏天铨先生代表油菜坡苏系家族第九代传人天字

家族文化的复兴与重构
——以油菜坡苏系家族文化建设为个案

派上大香,请油菜坡苏系家族为人厚道的苏顺和先生代表油菜坡苏系家族第十代传人顺字派上大香,请油菜坡苏系家族德才兼备的苏宏波先生代表油菜坡第十一代传人宏字派上大香。"三位族人代表在苏会长的安排下走上讲台并排站立,他们神情庄重地接过大香,将其点燃后紧握手中。

香的作用极为广泛,香的大小长短数目也讲究繁多。根据祭祀时间长短和场合的不同,祭祀所用之香也有"小香""大香"等分别。三位族人代表上大香,其余族众上小香,仪式上的丰富更加表达了族人祭祀的虔诚。

图3.1 手持大香的三位族人代表①

① 图3.1,手持大香的三位族人代表,分别是:第九代传人苏天铨,第十代传人苏顺和,第十一代传人苏宏波。照片为笔者拍摄,摄于2021年4月3日。

3. 祭奠始祖苏必刚

在苏会长的号令下，云台大师吹奏三声号响，全体家族成员在三位手持大香的族人带领下，缓缓走向始祖苏必刚的坟墓。待众人站定，苏会长开始宣读祭文，在祖先坟前告慰先祖：

在这2021年春暖花开之时，各位族人不远千里从四面八方回家祭祖，共同缅怀油菜坡苏系家族进山祖苏必刚公，也同时缅怀油菜坡苏系家族已逝的先辈们。今天，我在这里代表油菜坡苏系家族议事会，对各位的到来表示热烈的欢迎，同时，对各位族人在万忙之中，心怀大家族回来祭祖表示衷心的感谢！

追溯油菜坡苏系家族先祖们创业之艰辛，方知油菜坡苏系家族今日兴旺之不易，先祖来到这块土地，挽草为界，拓荒耕种，繁衍后代，开万代之基业，创千秋之福祉，现有三百多年历史，已有十三代传人。

环山之水，必有其源，参天之木，必有其根，苏系家族后代在这块土地上，兴旺发达，人才辈出，硕士博士，作家学者，士农工商，欣欣向荣，这都是祖上之隆恩与功德。

各位族人，我们要牢记我们的族训和族规，同根同脉，同心同德，发扬油菜坡苏系家族的光荣传统，树立家国情怀，建设一个文明，兴旺，发达的大家族，不忘初心，为社会的和谐，进步，发展做出更大的贡献。

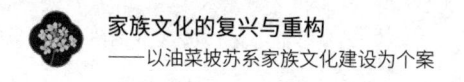

家族文化的复兴与重构
——以油菜坡苏系家族文化建设为个案

现在请各位族人肃立：
一鞠躬，再鞠躬，三鞠躬！

在这份祭文中，苏会长首先带领族人追述了祖先的历史功绩，并向祖先汇报了后世子孙在他们的福泽庇佑下幸福的现实生活，并对家族发展前景做出展望，号召族人牢记族训族规，激励族人不断进取，为家族和社会发展做出贡献。

祭文宣读完毕，三位上大香的族人向先祖之墓上香，随后族人依照辈分开始逐代行三拜九叩之礼，上香、烧纸、奠酒，最后燃放鞭炮，祭祖仪式完成。整个祭祖过程秩序井然、仪式有序。在走向墓地的路上，大家还有说有笑，相互攀谈，到苏必刚墓地后，所有人都始终保持庄严肃静，无一人嬉笑言语。在祭祀的过程中，没有人特意安排磕头顺序，但是族人都知晓各自在家族中的辈分，辈分高者自觉站在队伍前面，辈分低的在后面等待。轮到哪一辈，哪一辈的人就赶紧聚拢坟前，依照礼仪磕头、下跪、奠酒。祭祀时，有族人小声祷告，有族人默默许愿。仪式的最后全体族人一起叩拜，上至耄耋老人，下至垂髫幼童，五代同跪，老少齐拜，声势浩大，场面壮观。

油菜坡苏系家族的祭祖活动基本承袭了本土传统的祭祖形式，但省去了许多繁文缛节，只保留了诵读祭文和祭奠两个程序。在整个祭祖过程中使用了较多的传统礼仪元素和富有象征意义的符号，来凸显清明大会的仪式感和象征性，比如上大香、奠酒、献花、插清明吊、磕头、下跪等。每一项仪式之间的过渡性也比较突出，祭拜前由云台大师鸣号三声示意，全体家族成员一起走向进山祖苏必刚的坟墓。会长宣读祭文后，族人按照辈分下跪、磕头，磕头结束后，族人将供奉祖先的一杯酒泼于地面，代表祭祀结束。离开墓地前，要燃放一挂鞭炮，一是向逝去的先祖通报后人的看望，二是展示后世子孙的兴旺，三是表示恭送享用完祭品的祖先。如此一套仪式才算礼仪完毕。每一个流程环环相扣、过渡鲜明，还有唢呐和长号伴奏，气氛哀而不伤，悲而不痛，将族人对先祖的崇拜、敬重、孝思、感恩和祈求保佑之心充分展现其中。

二、家族报告单元

家族报告是每年油菜坡苏系家族清明大会中最重要的议程之一。这是家族议事会会长或副会长代表家族来总结肯定族人在上一年度取得的成绩，并指出存在的问题及需要改进的不足之处的重要环节。因此家族议事会对家族报告高度重视，从内容的讨论、报告的起草到最终的审定，每一个环节都认真细致、精益求精，使家族成员在听报告的过程中能够真正看到家族的进步，感受到家族的凝聚力，增强对家族的信心，进而直面家族中存在的问题，并共同努力、一起改正、相互监督，推动家族更好地发展。

油菜坡苏系家族报告与政府部门及其他机构的工作报告有些相似，都是由议事会会长或副会长进行宣读，先总结成绩、再指出问题、最后讲些希望。但不同的是，油菜坡苏系家族报告属于民间报告，它的语言和结构更加自由、灵活和生活化。虽是总结族人的实事、喜事、好事、坏事，但讲优点不分大小，谈问题不论长幼，摆事实不遮不掩，提要求开门见山，使在场的族人听完备受鼓舞、感慨良多。在2021年油菜坡苏系家族清明大会中，家族议事会副会长苏顺敏代表家族宣读家族报告，原文如下：

族胞们，在过去的一年里，我们苏家做了许多实事、好事、大事，可谓成绩醒目，亮点耀眼。归纳起来，我们有三大亮点值得肯定，需要发扬，可以推广。

第一个亮点是，积极配合精准扶贫，帮助族胞脱贫致富。2020年是我国全面脱贫、决胜小康的关键之年，精准扶贫、攻坚克难是我们每一个中国人的责任和担当。在共同富裕这样一个伟大背景下，我们油菜坡苏系家族议事会受到时代鼓舞和形势召唤，于去年年初便召开了议事会常务委员会，决定积极配合国家精准扶贫战略，献爱心，尽力量，以实际行动帮助困难族胞脱贫致富。比如望粮山的苏天根先生，妻子害病，长年吃药，弟弟腿残，至今单身，孙女尚小，嗷嗷待哺，家底薄弱，十分困难。我们家族议事会了解到情况之后，便将苏天根先生定为重点帮扶对象，及时在家族成员中筹集到一笔帮扶款。对苏天根先生解囊相助的族人有陈晓董事长、苏顺刚教授、苏顺敏总经理、苏顺强教授和远在美国的苏也博士。筹齐帮扶款之后，会长苏安发先生亲自带队，将帮扶款送到了苏天根先生手中。与此同时，我们还帮他分析资源、分析市场、分析人力、分析特长，最后选择家庭养殖作为脱贫的突破口。在家族的关怀和帮助下，经过一年的辛勤劳作，苏天根先生养猪、养羊、养牛、养鸡，纯收入达到了十万元以上，基本上过上了有吃有穿有尊严的小康生活。又比如油菜坡的苏顺良先生，在苏顺刚教授、苏顺恭副会长等族胞的精准帮扶下，成立了良心糖坊，并由此带动了家庭养殖业和特色种植业的发展，人均年收入突破了三万元。

第二个亮点是，努力推动家风建设，注重优良家风传承。什么是家风？用作家苏顺刚教授的话说，家风就是一个家庭或家族长期积累而形成的、并被家庭或家族成员一致认同并坚持的风气、风俗和风尚。家风有三个显著特征，一是示范性，二是传承性，三是发展性。在我们看来，家风的好坏，直接关系到一个家庭乃至一个家族的兴衰、枯荣和成败。基于以上认识，我们在2020年通过各种方式、途径和时机，有效倡导并有力促进了家风建设。家风有好坏优劣之分，我们在传承和发扬优良家风的同时，更注重扬弃那些封建、腐朽、落后的家风，比如"子不言父之过"，比如"嫁出去的姑娘泼出去的水"，比如"亲戚只望亲戚有，弟兄只望弟兄无"等，都属于不良风气，其中充满了自私、狭隘和势利。对传统家风中的这类歪风邪气，我们理直气壮地进行了批判，从而让许多族胞转变了观念，解放了思想，进而在父子之间、兄弟之间、姊妹之间、亲戚之间建立起了与社会主义核心价值观更加一致的人际关系。尤其值得一提的是，我们面向现实，针对问题，对"尊老爱幼"这一古老家风进行了深入辨析和反思。在日常生活中，很多中青年父母往往"尊老"不足，"爱幼"有余，而且爱幼的方式也存在严重误区，宠爱者有之，溺爱者有之，错爱者有之。这样的爱幼实际上是害幼，所以必须重新认识，迅速调整。为此，每逢家族活动或族人聚会，我们都会不遗余力地宣传、推崇、表扬那些在教育子女方面做得好的家庭或父母。比如苏家花园对子女的教育，就是成功的典范。苏顺刚先生的女儿苏也，博士毕业后在美国发展，现在已是小有名气的青年学者；苏顺强先生的儿子苏红果，博士毕业后就职于武汉大学中南医院，工作不久便能独当一面；苏顺勇先生的女儿苏米，硕士毕业后在深圳教书，工作不到一年就获得了多种表彰。他们不仅学业有成，事业兴旺，更难能可贵的是，他们都尊敬父母，还特别尊敬爷爷奶奶。天冷了，苏也从美国给爷爷奶奶寄羊毛围巾；听说奶奶睡眠不好，苏红果便自己掏钱给奶奶买助眠的特效药；因为疫情不能回家陪爷爷过春节，苏米特地从深圳用快递给爷爷奶奶寄来了他们最喜欢吃的琪玛酥。这几个孩子之所以这么孝顺，正是因为他们的父母教子有方。他们爱幼，但没有宠爱，没有溺爱，更没有错爱。换一句话说，他们没害孩子。苏家花园的

"爱幼"经验，无疑是我们进行家风建设的绝好材料，于是，我们号召大家都来学习。俗话说，榜样的力量是无穷的。通过学习和借鉴，苏系家族在对孩子的教育上已大有改观。

  第三个亮点是，充分发挥新生力量，有效促进家庭治理。家庭治理是家族治理的前提，家族治理又是社会治理的前提。在国家将社会治理纳入议事日程的当下，油菜坡苏系家族议事会很快意识到，家庭治理在整个社会治理中具有不可低估的作用。我们认为，家庭是社会的细胞，只有把每个家庭都治理好了，整个社会才会治理好。所以，我们油菜坡苏系家族议事会特别重视家庭治理。家庭治理，千头万绪，但首先必须化解家庭矛盾。从某种意义上说，家庭也是个社会，也存在着这样或那样的矛盾。更让人头疼的是，有些矛盾还由小家庭延伸到了大家族，并且积累已久，如同死结，严重影响了家庭团结和家族发展。通过调查，我们议事会发现，这些经年累月的矛盾往往是老一代人或上一辈人造成的。那么，如何化解这些冰冻三尺的矛盾呢？指望老一代人或上一辈人，显然是不可能了，我们于是把希望寄托到了年轻一代身上。年轻一代大都读过书，有文化，接受了更多的新事物。相对老一代或上一辈而言，他们胸怀宽广一些，视野开阔一些，目光长远一些，因此有能力去化解那些矛盾。比如，黄坪的苏红波、苏红鸣、苏红荣、苏红英、苏红芳这群年轻人，属于堂兄弟或堂姊妹。他们的父辈，因为一些鸡毛蒜皮的小事，累积而成了许多矛盾，好多年来一直磕磕碰碰，唇齿不合。2020年，这群年轻人忽然之间长大了，懂事了，重情了，明理了。他们一起商量、一同联手、一道发力，终于把父辈之间的矛盾化解了，让老少几代人都过上了团结和睦的日子。又比如店垭的苏红武，他的奶奶和他的母亲，婆媳之间，长期不和，许多人做工作都无济于事。2020年底，苏红武亲自出面，先坦率地、客观地、善意地指出奶奶和母亲各自存在的问题，然后拿出一套具体可行的解决方案，得到了奶奶和母亲的一致认可，最终达到了让奶奶与母亲和好的目的。由于我们充分发挥了新生力量在家庭治理中的巨大作用，所以我们苏系家族的矛盾正在日益减少，同时也为社会治理做出了贡献。

总结分享了上述三个亮点之后，我接下来说一下我们家族存在的主要问题，或者说主要缺点。缺点很多，有些缺点已经演变为一种不良现象，甚至发展成一种危险观念。这里，我着重讲三个带有普遍性的缺点。

第一个缺点是，小富即懒。在人生的道路上，有两种极端的现象或者说观念，都是不可取的，值得我们注意和警惕。一种是不知饱足，一种是小富即懒。不知饱足是油菜坡一带的方言，意思是对金钱和物质没有满足感，也叫贪得无厌。持这种观念的人，把赚钱当作人生的终极目标，将自己变成了金钱的奴隶。这种人，一辈子只会有获得感，不会有幸福感。小富即懒是从小富即安一词演化来的,但与小富即安有着本质的不同。小富即安是一种洒脱的人生态度,有知足常乐的意味。小富即懒的意思是,发了点儿小财便得意扬扬,不愿意再拼搏了,不愿意再吃苦了,不愿意再下力了,一天到晚只想玩,懒得做任何事。持这种观念的人,只顾眼前,既无近忧,更无远虑,即便有了好日子,也是过不了几天的。这种人,往往是今日有酒今日醉,不知道悲剧明天正在等着他。遗憾的是,在我们油菜坡苏系家族里,小富即懒者大有人在。在这里,我要奉劝这些人,小富即安可以,但小富即懒绝对不行。我的意思是,无论穷富,都不能丢弃勤劳的美德,更不能染上懒惰的恶习。勤劳,能使人锦上添花;懒惰,会使人雪里无炭。

  第二个缺点是,钱到情到。油菜坡过去有句俗话,人到情到。这句话有两层含义,一层是说,亲人之间或朋友之间,无论遇到什么事情,人必须亲自到场,遇到红事表示祝贺、恭喜,遇到白事则表示哀悼、慰问;第二层含义是,与人相比,礼金是次要的,只要人到了场,礼金都可以不给。人情,人情,那才叫真正的人情。但是,随着商品的冲击、物质的诱惑、情感的沦陷、欲望的膨胀,人情已经被金钱代替。现如今,遇上红白喜事,很多人因为忙着赚钱,经常人不到场,托人带去两百块钱,在人情账本上挂个名便万事大吉。从前的"人到情到"已变成了现在的"钱到情到"。"人到情到"和"钱到情到"虽然只有一字之差,但其内涵却已是天差地别。在我们油菜坡苏系家族中,这种"钱到情到"的现象非常普遍、十分严重。有些人外出挣钱,逐渐被钱迷住了心窍,只要有钱挣,父亲过生可以不回家,从手机上转两百块钱就行;母亲住院可以不请假,从手机上转两百块钱即可;爷爷奶奶去世了可以不到场,从手机上转两百块钱了事。人心不古,金钱至上,令人伤悲。然而,还有更让人感到可悲的事情。据我所知,不少过事的人家,居然也慢慢适应并认同了"钱到情到"这种扭曲的人际交往方式,在他们看来,只要钱到了,人到不到是无所谓的。人情如此,悲莫大焉,呜呼哀哉!在这里,我想郑重地要求我们的族人,希望大家正确理解人、钱、情三者之间的关系,把钱看淡一点,把情看重一点,重建我们的血肉亲情。

第三个缺点是,家丑外扬。有一句众所周知的老话,几乎成了名言警句,叫"家丑不可外扬"。严格地说,这句话也不完全对。既然举贤可以不避亲,那么,扬丑也应该不避家才是。这才叫实事求是。但从总体上来看,家丑不外扬主要还是对的。原因在于,它体现了一种家庭自信或者说家族自信。也就是说,家庭或家族内部出现了问题,没必要对外声张,家庭或家族完全有信心、有能力、有办法进行自我修复、自我解决、自我改正。然而,我今天要指出的,却是一种颇为奇怪的现象,即家丑外扬。近两年来,尤其是去年,我们有不少的家庭,忘记了"家丑不可外扬"这一古训,经常在有外人在场的时候，有意透露家庭或家族成员之间的矛盾。更加不可理解的是，他们的透露并不客观，往往添油加醋，夸大事实，能把痱子说成包。从透露的动机来看，主要是抬高自己，贬损别人，似乎自己一切都是对的，错误全在别人。老实说，这种以美化自己和丑化别人为目的的"外扬"是不可取的，它不单起不到美化自己的作用，反而还会自毁形象。说到家丑外扬，还有一种情形也十分反常。有个别老年人，因为性格古怪、爱好狭窄、趣味特殊，时常与子女闹别扭。为了把不和的责任推到儿女身上，他们经常会有意无意地对外人数落儿女的不是，给外人造成儿女不孝的印象。这种外扬家丑的做法极不明智，不仅不能解决问题，反倒会激化矛盾，损害家庭形象。我觉得，家丑最好还是不要外扬。矛盾也好，分歧也好，别扭也好，这些家丑都可以想方设法在家庭或家族之内消除。最好的方法是，多反省自己，少怪罪他人。多理解他人，少包疵自己。

指出了三个主要缺点之后，我再代表油菜坡苏系家族议事会，简略地讲一下今年的工作要点。2021年，我们根据家族的实际情况，打算开展三个工程。下面，我说说三个工程的要点。

第一，启动环境卫生工程。在精准扶贫、乡村振兴、绿色发展等国家战略的引领和推动下，农民的居住条件迅速得到改善，我们苏系家族也不例外，差不多家家户户都住上了楼房。然而，令人遗憾的是，许多人家的居住条件好了,环境卫生状况却十分糟糕。窗明几净的少,花红叶绿的少,一尘不染的更少。相反,不叠被子的多,不抹沙发的多,不拖地板的更多。有些人甚至半年不洗一次被子,寝室又脏又乱,与狗窝没多大区别。厨房更是见不得人,锅不洗,碗不清,到处黑黢黢的,脏兮兮的。这种脏乱差的居住环境,直接妨碍了居住者的身体健康,同时也严重影响了居住者的生活质量。因此,我们要在整个家族里开展居住环境的整治工程,倡导讲卫生的良好习惯。为了做好这项工程,我们油菜坡苏系家族议事会将成立一个环境卫生检查小组,对那些环境卫生较差的重点户,要定期进行检查,使他们尽快转变卫生习惯,改变环境面貌,从而减少疾病,增进健康,不断提高生活质量。

第二,启动饮食品牌工程。饮食实际上是一种文化,文化是需要品牌支撑的,饮食文化更需要自己独一无二的品牌。有一个电视节目,名叫《舌尖上的中国》,所介绍的都是在全国享有盛名的饮食文化品牌,我们熟知的襄阳牛肉面、房县小花菇、当阳郭场鸡等,都在其中。在我们油菜坡苏系家族中,不乏心灵手巧者,他们茶饭好,厨艺精,制作了许多脍炙人口的美食。可是,由于知识欠缺,视野受限,我们没能及时从饮食文化的角度出发去打造自己的品牌,导致我们精美的食品未能引起更为广泛的关注与青睐。因此,我们要迅速启动饮食文化品牌的建设。事实上,我们已经有过这方面的尝试,并积累了一定的经验。比如由苏顺良先生的良心糖坊生产的良心麻糖，业已成为一个小有影响的饮食文化品牌，在店垭一带颇受欢迎。与此同时，有一首关于苏顺良的顺口溜也不胫而走。"麦苗儿青菜花儿黄，油菜坡出了一个苏顺良，虽说有点儿怕老婆，但他会熬麦芽糖"。这首顺口溜实际上就是良心麻糖的广告词，为良心麻糖这个品牌的打造发挥了巨大作用。在2021年，我们除了进一步建设良心麻糖这个品牌之外，还要努力打造两三个新的品牌，比如已有很好基础的"兰艳包"，稍加包装和宣传就有可能走红。"兰艳包"是油菜坡苏系家族议事会副秘书长苏顺华先生的老婆尚兰艳女士发明的一种包子，包子不大不小，不白不黑，形状饱满，有点儿像奶柿子。馅子由猪油渣、豆腐条、萝卜丁主打，佐以花椒粉、辣椒面、小葱花，牙齿一咬，香气扑鼻，稍不留神就会咬掉自己的舌头，味道真是好极了。还比如，会长苏安发先生的夫人包应祝女士烹制的黑脑壳叶懒豆腐，要色有色，要香有香，要味有味，堪称一绝，也值得好好打造。

第三，启动男子脱单工程。因为城乡的互通，人口的流动，加上性别比例的严重失调，乡村男子耍单的现象日益突出，一大批男人娶不上老婆，长年过着光棍生活。在苏系家族里，男子耍单的情况也比比皆是，有些人家，甚至兄弟几个都没能结婚。在人生的长河中，结婚是一件喜事，也是一件大事。一个人如果一辈子结不上婚，那他的人生肯定是不美满的，更无幸福可言。面

家族文化的复兴与重构
——以油菜坡苏系家族文化建设为个案

对上述种种情形,我们油菜坡苏系家族议事会不能袖手旁观,坐视不管,而应该想单身之所想,急单身之所急,尽最大力量,想一切办法,帮助我们的单身族胞尽早脱单。事实上,我们许多耍单的亲人都是很不错的,比如苏顺朝先生,比如苏红江先生,他们勤劳、善良、孝顺,家里有房子,银行有存款,腿里夹的有摩托车,自身形象也不差,浓眉大眼高鼻梁,完全是可以找到老婆的。他们之所以至今耍单,主要原因是生活圈子太小,接触到的人不多。当然,也有个别家庭成员的性格问题。在2021年,我们议事会决定花大力气,下大功夫,帮他们找老婆,让他们早点脱单。我们深知,脱单比脱贫更难。但是,我们不能被困难吓倒,而应该迎难而上。我们坚信,在脱单的路上,只要我们真心努力,一定会有收获的。

这份报告始终以族训族规为纲领,结构与语言自由灵活,内容与观点紧贴实际,不虚浮、不夸大、不伪饰、不矫作,既接地气又内涵丰富,充满智慧且鼓舞人心。首先,在报告中讲成绩均用事实说话。面对上一年度家族取得的成绩,油菜坡苏系家族实事求是地进行了总结归纳,指出配合精准扶贫、推动家风建设和促进家庭治理是其中最显著的三大亮点,并且以事实和数据来真实反映所取得的成果。例如讲到家族精准扶贫时,以苏天根、苏顺良为例,详细地呈现了筹集善款、打造脱贫方案、开展帮扶指导的具体帮扶过程,以及以实际取得的家庭收益来说明帮扶取得的实效。讲到推动家风建设时，以苏家花园对子女的教育为例，指出正是父母教子有方、爱幼有法，才使子女学业有成、事业兴旺，且有能力反哺家庭、孝顺亲人。并以之延伸开来，通过族人身边的实例来启发族人对诸如"子不言父之过""嫁出去的姑娘泼出去的水""亲戚只望亲戚有，弟兄只望弟兄无"等传统家风进行辩证思考，进而转变观念、解放思想，培育与社会主义核心价值观相一致的文明家风。讲到促进家庭治理时，也列举了以苏红波、苏红鸣、苏红荣、苏红英、苏红芳、苏红武等为代表的年轻族人的事迹和经验，真实反映出在促进家族矛盾化解、共建和谐人际关系中新生力量所起到的重要作用，激励更多的年轻族人以他们为榜样，为家族治理、社会治理做出贡献。其次，说问题一针见血。在历年的家族报告中，油菜坡苏系家族议事会并没有只讲成绩、粉饰太平，而是对家族内部好吃懒做、金钱至上、忤逆不孝、缺乏爱心、放任子女、不讲诚信、玩物丧志、自私自利等不良行为也给予了严厉的批评。

在2020年家族报告中，家族议事会也明确地指出了家族目前存在的三个比较普遍的缺点：小富即懒、钱到情到和家丑外扬。在剖析这些缺点有可能带来的不良后果甚至危害时，油菜坡苏系家族也没有点到即止、模棱两可、遮遮掩掩，而是单刀直入、开门见山、不留情面地予以批评。报告中将有此表现的族人的不良行为悉数列入其中，例如发点小财就得意扬扬的族人，今朝有酒今朝醉的族人，父亲过生、母亲住院、爷爷奶奶去世都可以不回家只从手机上转两百块钱了事的族人、数落儿女、外扬家丑的族人,等等。家族议事会对上述不良现象的严厉批评,不仅让有此陋习的族人坐立难安、面红耳赤、额头滚汗,也让其他人以此为鉴、引以为戒、无则加勉。

最后,提建议紧贴实际。报告中对本年度工作要点的通报,实际上也是为家族进一步的发展指明了前进的方向。在2020年油菜坡苏系家族报告中,苏系家族紧跟时事启动环境卫生工程,贴近民心开展男子脱单工程,紧扣大局开展饮食品牌工程,想族人之所想、急族人之所急,充分体现了以族人为本的家族理念。由此来看,油菜坡苏系家族报告是一份凝心聚力、坚定信心、催人奋进、鼓舞干劲、昭示希望的家族报告,正如华中师范大学非物质文化遗产研究中心的孙正国教授所言,油菜坡苏系家族报告"是体现乡村文化生活的幸福报告,是反映家族文化振兴的经典报告",使"油菜坡苏系家族形成了'同根同脉,同心同德'的家族文化观念"[1]。

三、表彰先进单元

传统家族在清明大会当天,会召开家族会议,对有功的族人进行表彰。表彰的重点有忠孝节义、光耀门楣、考取功名、有功于族等荣耀之事,奖励的方式包括写入族谱、制作牌匾、雕刻石碑、建榜铭文等形式。古人对表彰族人的重视,是在人们趋利避害心理的基础上,用"赏"的方式表彰宣扬

---

[1] 摘自孙正国教授在"油菜坡苏系家族2018年清明大会暨首届文化传承与乡村振兴"民间论坛上的讲话。

族人的模范之举和光彩之为,以形成仿效之风和比学氛围,来维持家族的长盛久兴。重启后的油菜坡苏系家族清明大会延续了表彰族人这一环节,并将表彰的重点浓缩为四个奖项:杰出人物奖、创业人物奖、孝顺人物奖和进步人物奖。表彰的方式也改进为物质与精神的双重奖励。

油菜坡苏系家族对四个先进人物奖项的设置别有深意,既突出了受表彰的族人的先进性,又强化了获奖族人所具有的代表性和时代性。首先,杰出人物奖是表彰对家族发展具有一定推动作用的族人,他们往往具有极强的家族责任心和荣誉感,有着开阔的眼界和丰富的学识,能够在家族活动中起到很好的启蒙和动员作用,并且舍得为家族发展无偿付出时间、金钱与精力,因而深受族人的拥护和敬重。历年油菜坡苏系家族对杰出人物奖获得者的颁奖辞就是对他们的杰出性的概括。例如荣获2012年度杰出人物奖的苏顺敏的颁奖辞为:"苏顺敏先生精明睿智,科学务实,以人为本,公司业务稳步拓展,利润日益提高。在经商创富的同时,他没有见利忘义,没有唯利是图,而是义字当头,情字领先。虽然人在广州,却心系家乡,情洒故土,一年之内多次回到老家,看望父母,关怀亲人,参与家族事务,对父母有孝心,对亲人有爱心,对家族有责任心,尤其是在家族事务上,它乐于吃亏,勇于出力,敢于花钱,通情达理,出手大方,舍己助人,为油菜坡苏系家族的和谐与发展做出了杰出贡献。"[1]

---

[1] 摘自油菜坡苏系家族2012年度杰出人物奖获得者苏顺敏的颁奖辞。

家族文化的复兴与重构
——以油菜坡苏系家族文化建设为个案

　　创业人物奖的设置,是油菜坡苏系家族在国家号召"大众创业""草根创业"的时代语境下,对全民创业的积极响应。它对家族内部依靠双手和智慧勇于创业,且创业成绩显著的族人予以表彰鼓励。目的在于通过对族人创业行为的肯定,以及对创业的族人的表彰来营造积极创业的氛围,激励和带动更多的族人发扬创业精神来自主创业、自谋职业、积极创收。油菜坡苏系家族所评选表彰的优秀创业人物,不仅创业有成,而且都热心家族事务,他们或者致富不忘族人,或者发财不忘亲人。例如荣获2012年度创业人物奖的陈晓,他"以过人的智慧、科学的管理和诚信的经营,使他的磷矿公司在2012年获得了跨越式发展,不仅丰富了个人的财富,而且扩大了地方税收,成为保康广受好评的创业典范。更加难能可贵的是,他特别关心油菜坡苏系家族的事务,为人大方,解囊慷慨,一次就为家族发展基金捐助了5000元,受到苏氏家族一致称赞。"[①] 荣获2014年度创业人物奖的苏天元女士,她"为人正直,心地善良,头脑灵活,手脚勤快,艰苦创业,成绩突出。她善于因地制宜,抢抓机遇,与丈夫团结一心,带领两个儿子和儿媳一心一意奔小康,办商店,买汽车,开砖厂,取得了良好的社会效益和经济效益。更加难能可贵的是,她有浓郁的家族情怀,从不认为自己是嫁出去的姑娘泼出去的水,对娘家的人充满深情与厚意。"[②]

---

① 摘自油菜坡苏系家族2012年度创业人物奖获得者陈晓的颁奖辞。
② 摘自油菜坡苏系家族2014年度创业人物奖获得者苏天元的颁奖辞。

第三章 家族文化的传承载体

图3.2 油菜坡苏系家族议事会成员苏顺恭
为荣获2020年度创业人物奖的苏天金颁发奖状[1]

孝顺人物奖是表彰家族中孝顺父母、尊敬长辈、关爱亲人的族人代表。孝顺父母原本是百善之先，然而在当下农民老龄化、农村空心化、农户空巢化现象突出的农村社会，子女不赡养父母甚至虐待老人的情况时有发生。在油菜坡苏系家族内部也存在孝老不足、养老不力，空巢老人无人陪伴，生病父母无人照顾，年迈双亲无人看养的问题。针对这一问题，油菜坡苏系家族采取了多种方式来强调孝的重要性。其中设置孝顺人物奖，就是试图以对孝顺行为的弘扬和对孝

---

[1] 图 3.2：油菜坡苏系家族议事会成员苏顺恭为荣获 2020 年度创业人物奖的苏天金颁奖。照片为笔者拍摄。

顺族人的表彰，来唤醒家族成员的孝顺意识，进而在家族中逐渐形成敬老、爱老、孝老的普遍文化氛围。例如荣获2012年孝顺人物奖的苏顺美就是一位孝顺老人的典范，油菜坡苏系家族在给她的颁奖辞中写道："苏顺美女士为人忠诚，心地善良，不仅孝顺父母，而且还能替父行孝，对祖父关怀备至，疼爱有加。祖父住在山上，她每隔一段时间都要为老人家送生活必需品上山，爬陡坡，翻野岭，从不说累，从不叫苦，从不言悔。春节前夕，天降大雪，为了让祖父过一个幸福年，她专门上山把祖父接到山下，与自己一道过春节。她的孝心感天动地，她的精神令人敬佩，她的美德有口皆碑。"[1]

进步人物奖是专门为进步显著的族人设立的奖项。他们中有的人曾经漠视家族事务、冷落家族亲人，有的不赡养父母、不善待手足、不和谐家人，有的好吃懒做、自私自利、金钱至上，但通过家族的教育和感化，他们在家族的批评中不断反思、不断调整、不断进步，逐渐改掉了曾经的缺点和陋习，获得了族人的好评。进步人物奖的设置体现了油菜坡苏系家族以人为本、亲情至上的家族理念。即使面对有过缺点、犯过错误的族人，油菜坡苏系家族也不会孤立、冷落甚至放弃他，而是在批评教育中帮助他更快地改正和进步。正因为如此，在油菜坡苏系家族的感召下，犯错的族人越来越少，表现突出的族人越来越多。例如2013年度进步人物获奖

---

[1] 摘自油菜坡苏系家族2012年度孝顺人物奖获得者苏顺美的颁奖辞。

者苏顺东,"原先对母亲关心不够,照顾不多,长期让老人家独自开伙,自煮自吃,曾经受到家族议事会的批评。2013年,在家族议事会的帮助下,他好像突然变了一个人,变得有孝心了,有良心了,有责任心了,取得了令人欣喜的进步。他与哥哥嫂子们分工协作,轮流赡养母亲,对母亲细致周到,关怀备至,不仅让母亲有热的吃,有暖的穿,还让老人家脸上露出了幸福的笑容。"[1]还有荣获2012年度进步人物奖的苏顺三,他曾经与家族亲人之间关系淡漠,在家族议事会的批评下他逐渐加强了与亲人之间的联系,以实际行动赢得了大家的好评。他在获奖后以《我有进步我骄傲》为题发表了获奖感言,他说:"所幸的是,在亲人们的批评和帮助下,我及时认识到了自己的不对与不足,并下决心改变了自己的人生观与价值观,加强了与亲人们的联系与来往,很快体验到了亲情的甜蜜和美好!"[2]

十年来,油菜坡苏系家族一共评选表彰了七十二名先进族人,为家族培育了一批"好儿女""好媳妇"等孝善榜样,培养了一批农民实业家、实干家等致富能手,树立了一批为家族团结、发展、繁荣做出突出贡献的先进人物。他们的出现,为油菜坡苏系家族,也为当地的一方水土带来了新的活力,增加了正面能量。

每年的表彰环节,仪式隆重,气氛热烈。先由家族议事会成员宣读颁奖辞,再由德高望重的族人为其颁发奖状,由

---

[1] 摘自油菜坡苏系家族2013年度进步人物奖获得者苏顺东的颁奖辞。
[2] 摘自油菜坡苏系家族2012年度进步人物奖获得者苏顺三的获奖感言。

优秀的家族成员或到场嘉宾颁发奖金。奖状与奖金均由身穿旗袍的礼仪小姐即颁奖助手手持红托盘呈上，获奖者接过奖状和奖金的珍贵瞬间，还会由台下的摄影师及时记录和抓拍。最后荣获表彰的族人还会发表获奖感言，为族人传经送宝、现身说法。清明大会结束后，族人的先进事迹也会被制作成宣传照片，悬挂在文化广场上，使这种激励和榜样的氛围更加浓郁、持久。表彰先进不仅让族人学有榜样、改有方向、比有力量，对于获得表彰的人来说意义也更加重大。因为当历来被压抑和忽视的草根族人，也会因为自己的善行、孝举、勤劳、奋进成为被表彰和宣传的对象，自己的言行、经验、知识、技能也会被家族肯定时，会进一步强化他们对自身、对所属家族及家族文化、对所处环境与社会的认同，使其在获取生存意义、释放生命价值的同时，也会以家族主体的身份为家族和家族文化的持久发展提供源源不断的助力和保障。

四、文娱表演单元

文娱表演也是油菜坡苏系家族清明大会的一个重要构成单元。相比于传统时期家族清明大会中以娱人娱神为主的节目表演，重启后的油菜坡苏系家族更加注重将之作为讲好家庭故事、讲好家族故事的重要载体。这是对新的时代背景下复兴的油菜坡苏系家族文化的大力宣传，也是对当下"讲好中国故事、传播好中国声音"的积极响应。因此，油菜坡苏系家族清明大会中的文艺表演大部分都是取材于家族，由族人创作，并且由家族成员参与表演的节目。在这些节目中，油菜坡苏系家族的族人真正成了节目的主角，他们的先进事迹被改编成脍炙人口的作品在清明大会当天演出。例如有根据任劳任怨的苏安发会长创作而成的《打个花鼓唱会长》：

> 花鼓打得咚咚响，打个花鼓唱会长，会长名叫苏安发，德高望重影响广。会长本是断疆人，现在马良当先生，又卖药来又知客，文武双全样样行。家族担子重千斤，会长挑得很认真，不图名来不图利，全凭一颗责任心。有个老人无人管，会长亲自去拍板，每家养活三个月，生活过得好温暖。顺朝建房困难多，会长七上油菜坡，操尽心来跑断腿，连口茶水也没喝。会长到处人缘好，遇事总有关系找，族中有人办企业，他就帮着把路跑。族间若是老了人，会长总要去送行，又举花圈又放鞭，眼泪流得行行神。每年春节到来前，八十老人都有钱，会长亲自带队送，老人心里比蜜甜。会长有颗菩萨心，见到族人都很亲，每逢吃饭都喝酒，少说也要喝半斤。会长热情又好客，常把亲人往家接，烟犟吸来茶犟喝，晚上还要留客歇。会长喜欢卡五星，麻将桌上是精英，不赌钱来不带彩，赢了输了都开心。会长不怕得罪人，见到问题敢批评，虽然语言有些重，可他都是为我们。

此外，还有歌唱母亲的《儿子儿媳唱母亲》："……母亲名叫苏天元，吃苦耐劳会种田……母亲名叫苏天元，创业致

家族文化的复兴与重构
——以油菜坡苏系家族文化建设为个案

富敢当先……母亲名叫苏天元，家庭和睦子孙贤……"；有宣传优秀族人谢尚臣的《谝谝老表谢尚臣》："……尚臣老表心肠好，一年四季陪二老。问寒问暖关心多，闲话少。尚臣不是狗鼻撮，对待老人从不雀。饭犟吃来烟犟吸，酒犟喝……尚臣教育子女严，姑娘儿子都上贤。女婿聪明儿媳美，都挣钱。尚臣老表礼行大，总把亲人心上挂……"还有族人以顺口溜的形式来发表获奖感言，分享自己在家族感召下进步的愉快心情，如《获奖上台发个言》："自从设立人物奖，我的心就有点痒。今天好梦成了真，感谢评委和会长……话要传达路要走。有时还要怄些气，幸亏脸厚不怕丑……我的缺点堆成堆，今天获奖很自卑。不过我有决心改，改了就能虫虫飞。"

这些作品取材于家族，讲述着家族内部的真实故事。随着家族故事被不断地讲述和演绎，这种乡土表演艺术不仅成为家族内部自我教育、自我传播的重要方式，也成为彰显家族形象、展示家族文化魅力的重要资源。为了更好地讲述家族故事，苏系族人选取了当地百姓喜闻乐见的本土艺术形式来进行表演，如三句半、花鼓戏、表演唱、五句子、酸歌子、顺口溜、小品、相声，等等。它们虽然粗糙、豪放，充满了泥巴味与乡土气，但与族人日常生活紧密契合，也与他们的审美趣味高度吻合，不仅使油菜坡苏系家族对家族故事的讲述更加情真意切、真实可感，族人在观看表演的过程中，也能够最大限度地获得精神的享受和心情的放松，并从中有所感悟、有所启发，甚至在会后回想起来也能脱口而出、相互

第三章 家族文化的传承载体

传唱。例如根据族人苏顺刚的小说《娘嫁风俗》改编而成的花鼓戏小品《闺女回娘家》，以花鼓戏小品的形式将当地出嫁的女儿同女婿回娘家不能同住一个房间的乡村陋习展现出来，通过小品中父母态度的转变来提醒族人也要解放思想、破除陈规、改变旧习。还有令许多族人印象深刻的表演唱《十月怀胎》，在当地田野调查的时候一位族人告诉我，这个节目曾经令她许久难忘，"听得我直流眼泪，听完好几天心里都不好受。回想起来都还觉得她们唱得好，唱出来那种辛苦。不自己怀孕根本感觉不到，看节目就晓得老。我儿子回来也说要对妈好，对老婆好，当妈不容易。有时候我们自己在家还经常哼着唱。"①

图3.3 小品《闺女回娘家》② 图3.4 表演唱《十月怀胎》③

参与上述节目表演的也几乎都是油菜坡苏系家族的族

---

① 受访人：苏安菊，受访时间：2020年11月2日，受访地点：苏安菊家中。
② 图3.3：根据族人小说《娘嫁风俗》改编的小品《闺女回娘家》。
③ 图3.4：表演唱《十月怀胎》。图片由保康县民间摄影家李秀林先生拍摄。

家族文化的复兴与重构
——以油菜坡苏系家族文化建设为个案

人。自从家族复兴后,油菜坡苏系家族涌现出一批群众演员,他们有的平日里喜欢在田间地头哼唱山歌小调,有时会三五族人聚在一起打打花鼓唱唱戏,还有一些几乎从没参与过任何形式的表演,但在家族的带动下,他们用自己的热情和才艺去发现、挖掘、打捞、传播家族内部的优秀文化。他们花力气、下功夫,以表演唱、三句半、花鼓戏等本土形式,自编、自导、自演,活跃在家族的各种舞台上。除了前述的《打个花鼓唱会长》《儿子儿媳唱母亲》等作品,还有《店垭有个宗权叔》《六个辽搞家儿》等脍炙人口、深受观众喜爱的作品。参与表演的演员分别有苏顺三、苏顺恭、苏顺华、苏顺超、苏顺敏、苏顺贤、苏顺温、万太月、孙红丽、王先红、张海燕、张正军、张正华等。他们虽然不够专业、不够熟练,但正是这种笨拙、质朴使他们的舞台表演更具真实性、喜剧性和娱乐性。在节目表演中,当平日里穿着便装的族人换上演出的戏服,画上大浓妆,背上腰鼓,往台上一站,立刻就引来了满堂大笑。看惯了他们脸朝黄土背朝天挥舞着锄头做农活的模样,再看着台上判若两人的"熟悉的陌生表演者",这种强烈的反差在节目还未开始前,就已经引得台下观众笑声连连。

在清明大会当天的节目表演中,除了族人自编自导自演的节目外,油菜坡苏系家族还邀请了外地歌舞团的专业演员为大家带来艺术表演,他们的演出更加时尚、更加现代,带给了在场观众不同于民间艺术形式的视听享受,使他们耳目一新、兴趣盎然。在与由族人参与的本土艺术形式的互动中,专业演员的表演也让油菜坡苏系族人感受到艺术的多元化和丰富性。比如由歌手燕阳天小姐一个人表演的男女声对唱节目《夫妻双双把家还》，她一人分饰两角，唱男声极具阳刚之气，唱女声尽显阴柔之美，她在男声与女声之间的完美转换，引来在场族人的连连惊叹和阵阵掌声。还有同为单人表演男女声对唱的张燕的《天籁之爱》，由当地有名的喜剧笑星邹贵昌和张德香等人表演的小品《婆子也是妈》《三个媳妇》，由少数民族歌手李卫华独唱的地方小调《情歌小调》等，都赢得了现场观众的热烈好评。专业演员所表演的节目题材也多与家庭故事、家族故事相关，例如《夫妻双双把家还》演绎的是恩爱夫妻的故事，《天籁之爱》《情歌小调》也与情感相关，《婆子也是妈》《三个媳妇》表达的也是积极向上的家庭氛围和和谐有序的婆媳关系，这种寓教于乐的形式，使观众在观看表演的同时，也收获了正面的启发。

五、清明宴会单元

清明宴会是到场族人共同享用清明家宴的环节，也是油菜坡苏系家族清明大会中的最后一项议程，它将清明大会的热烈气氛推向了顶峰和高潮。在传统时期，清明宴会又叫"吃清明"，属于家族"聚吃"的一种。当家族成员共聚一堂，觥筹交错的阖族宴饮不仅是促进族人情感交流和亲情维系、强化家族认同感和凝聚力的大好时机，同时也是彰显家族实力的最佳机会。王沪宁在《当代中国村落家族文化——对中国社会现代化的一项探索》中指出："村落家族共同体中另一项重要的活动就是'聚吃'","在较为闭塞的乡村,很少有其他形式的娱乐活动,尤其是在电视机和收音机没有普及的情况下,'聚吃'成为一种主要的娱乐形式。因而一俟有机会,都要'聚吃',如婚嫁、祝寿、造房、得子,甚至丧事。目前其他文化活动已经传播至大部分乡村,但'聚吃'作为一种传统的文化活动依然兴盛。"[①]这种类型的聚吃关乎家族的面子和声誉,因此早已超出了"吃"的概念,而成为家族展示财力与势力的文化活动。油菜坡苏系家族清明大会继承了传统清明大会同吃清明宴的环节。但是这种聚吃,只是沿袭了传统"吃清明"的活动形式,其所粘连的落后心理早已被剔除。在当下的聚吃习俗中,清明大会更像是一个家族节日,族人们利用节日的机会实现与亲友的团聚,缓解因为工作的繁忙和距离的遥远而带来的交流受限的缺憾。在每年的清明大会中,当清明宴会开始,族人们不分男女、不论老幼地围聚一桌。大家频频离位、相互敬酒,共同举杯、一起欢庆,相互奉菜、相互盛饭,让亲情在筷间流动,让欢乐在心头荡漾。有些情感丰富的族人,甚至会在宴席上泪流满面、喜极而泣。例如远安的苏天星先生,每年都会不辞辛劳地参加家族清明大会,并且情到深处抱住亲人大哭一场。清明宴会是对族人情感的有效慰藉,它为平时各奔东西、离多聚少的族人提供了欢聚的机会。当觥筹交错、人人尽欢时,亲情也随之得到升温加固。一场宴席让族人充分意识到,家族依然是承载亲

[①] 王沪宁:《当代中国村落家族文化——对中国社会现代化的一项探索》,上海:上海人民出版社,1991年。

情的泊位，是族人获得精神慰藉和情感归属的港湾，这种价值不可替代也无可替代。

图3.5 2016年油菜坡苏系家族清明宴现场①

第三节 清明大会的当代元素

重启后的油菜坡苏系家族清明大会，是苏系族人在对传统清明大会革故鼎新的基础上进行的现代性转化和创新。油菜坡苏系家族不仅对其内容、形式和功能等方面进行了自觉、广泛而深入的探索，还为其注入了大量的当代元素，赋予清明大会以新的时代内涵。

---

① 图3.5：2016年油菜坡苏系家族清明宴现场。图片由苏安发会长提供。

家族文化的复兴与重构
——以油菜坡苏系家族文化建设为个案

一、更新血缘观念

家族是以共同的男性血缘关系为纽带建立起来的群体组织，血缘性是其最原始的基质，也是其最基本的属性。由此基础上酿造的家族文化也不可避免地带有强烈的血缘性，正如王沪宁所言："村落家族文化的第一特性便是其血缘性。无此，无家族文化可言。"[①] 传统家族的血缘性不仅具有自然意义，还被赋予了宗法属性。传统家族根据血缘关系的亲疏远近缔造了象征权力尊卑的符号系统，使内在的血缘秩序外化为严格的伦理约束，形成了强调纯正性和宗法性，并极具封闭性、排他性和等级性的血缘观念。传统血缘观念所具有的封闭性和排他性，使得传统家族文化也带有极强的保守性和狭隘性。而清明大会等活动的定期展演，正是传统家族强调血缘亲情、巩固血缘观念的有效手段。在新的时代背景下，传统血缘观念已无法再适应当代苏系族人的社会属性。因此，重启后的油菜坡苏系家族清明大会立足于苏系族人的现实生活世界，以一种理性和批判的态度，剥离了传统清明大会所蕴含的保守和狭隘的血缘观念，并创造性地为其注入了现代性语境下的新型血缘观念，以此来建构更为广泛意义上的家族共同体，以及打造更具时代特征的新型清明大会。

重启后的油菜坡苏系家族清明大会，首先打破了传统血缘观念的狭隘性和排他性，强调所有族人的参与。这里的族

---

① 王沪宁：《当代中国村落家族文化——对中国社会现代化的一项探索》，上海：上海人民出版社，1991年。

人不仅包括苏姓男丁,还包括原本被传统家族血缘观念排除在外的苏家女儿、异姓女婿,以及苏家媳妇和其他拟制亲缘关系。清明大会的这一变化,是油菜坡苏系家族更新后的血缘观念的真实体现。它从苏系族人共同的血缘身份出发,将所有其他亲属关系一并囊括在内,形成了比传统家族更加宽泛的家族外延,也建构起更加贴合家族实际的共同体概念。这一概念弱化了传统时期的家族血缘意识,而对每一位家族成员予以同等的真诚接纳,赋予他们平等的家族主体身份。更新后的苏系家族血缘观念激发了他们对家族强烈的认同感和责任意识,因此在每年的清明大会中,苏家儿女、儿媳、女婿、干亲及苏家出嫁女儿所生育的第一代子女都会不辞辛苦地前往油菜坡参加清明大会。如今的清明大会已不再是维持传统血缘观念和狭窄的血缘群体边界的手段,而更多地表现出开放包容的亲情观念。一位嫁到溪峪郝姓人家的苏家女儿说:"清明大会办起来后,喊我们出嫁的姑娘都回去参加清明大会,我们都感到十分高兴!我们出嫁了但是仍然是苏家的人。第一次去的时候我一晚上没睡着觉,非常激动非常兴奋。后面每年我都会主动参加,不仅我自己去,我还带我的爱人、我的两个小孩一起去。我们每年还都会给家族基金捐款。"[①]

油菜坡苏系家族清明大会对狭隘的传统血缘观念的更新,还表现为打破了传统清明大会中的诸多禁忌,使所有族人都

---

① 受访人:苏安菊,受访时间:2020年11月2日,受访地点:苏安菊家中。

能平等地参与。在家族祭祖仪式中，家族女性和异姓姻亲不再被排斥在外，他们与所有的族人一起按照辈分高低依次对进山祖进行祭奠。清明大会中的家族报告环节也会对所有族人的优点予以同样的认可，对于女婿、儿媳、出嫁后的苏家女性及她们生育的第一代子女所取得的成绩或好的做法，更会不遗余力地进行宣传肯定。例如油菜坡苏系家族在2015年清明大会上就曾对苏安佳的女婿、苏虹的丈夫陈晓先生公开进行了表扬："陈晓先生创办的峰厚矿贸有限公司，在去年一年整个市场大环境不景气的情况下，努力奋斗，勇闯难关，经营有方，善于管理，到年底对外不欠客户一笔外债，对内不欠员工一分钱工资，显示了一个企业家创业经营的风度和气魄！"[1]在2016年清明大会上也曾对栾家坡苏顺翠女士的大儿媳朱培芝女士既顾小家又兼顾大家族的行为予以肯定，认为她："勤劳、贤惠、明事理、重亲情。自己也是年近六十岁的人了，在料理好家务的同时，还找了三份工作，靠勤劳挣点辛苦钱补贴家用。她自己不仅每年都要参加清明大祭祖活动，并且还给家族捐基金，用她自己的话说，只当是多走了一个人家。"[2]对苏系女性生育的子女中热爱家族的后人也会不吝夸奖："在这儿，我要好好表扬一下苏天翠女士的儿子谢尚文先生。谢尚文很早就外出读书，学成之后远在广西工作，如今又在甘肃发财。听说油菜坡苏系家族议事会设立了发展基金，他一次就捐赠了五千元。五千啊，不是个小数啊，数

---

[1] 摘自《油菜坡苏系家族2015年度情况报告》。
[2] 摘自《油菜坡苏系家族2016年度情况报告》。

也要数半天呀！如果谢尚文先生不爱他的母亲，不爱我们这个家族，他会出手这么大方吗？……他虽然不姓苏，但他的母亲姓苏，他深知自己与苏系家族有着亲密的关系，所以他要关心这个家族，他要支持这个家族。"①

其次，重启后的油菜坡苏系家族清明大会还剔除了传统血缘观念中的等级性，对不同支系的族人给予一视同仁的关心和尊重。在传统血缘观念中，不同支系的族人之间没有血缘关系之别，但有亲疏贵贱之分。血缘关系不仅决定了族人在生物学上的长幼顺序，血缘关系的远近还决定了不同支系的家族成员在家族中的等级和地位的尊卑排定。因此，传统家族的族人之间有着复杂而矛盾的权利与义务关系，支系间的打压与争斗及"兄弟阋墙""同室操戈""尺布斗粟""亲戚只望亲戚有，兄弟只望兄弟无"等现象的出现也就成为不可避免的情形。新时期复兴的苏系家族在清明大会中对所有支系成员表现出不分厚薄、不论亲疏、不偏不倚的血缘观念，无论是祭祖仪式的设计、座次的安排、表彰人选的评定或是缺点与不足的总结都做到了相对的公平与公正，在家族内部形成了和谐、平等、积极向上的亲情氛围。最具代表性的就是每年清明大会中的家族报告环节，家族议事会会对九大支系族人在上一年度所取得的成绩和喜事事无巨细地进行总结，例如2015年度清明大会上，家族议事会讲道："2015年我们家族九大支系，都有盖楼建房迁新居，买车致富奔小康的大

---

① 摘自《油菜坡苏系家族2014年度情况报告》。

好喜事。盖新房或买新房的分别是：苏天海、苏天梅、苏天菊、苏顺喜（望粮山）、苏红艳（歇马）；买新车的分别是苏天元、苏天亮、苏顺强、苏顺丽、苏顺周、苏顺东、苏红武。"①在2016年度清明大会上，家族议事会讲道："去年我们家族九大支系，都有盖楼建房迁新居的，都有致富买车奔小康的。建新房的有苏安秀、苏安清、李进英、苏天凤、苏天顺、苏天运、苏天芝、苏天根、苏顺三、苏顺堂。买新车的有苏天鑫（断疆）、苏顺国（大竹园）、苏顺华（望粮山）、苏顺华（大竹园）、苏顺平。"②在一视同仁的基础上，苏系家族还会在清明大会上重点表扬在某方面做得好的支系："我还想再提一下家族荣誉感。去年清明大会祭祖，到会率最高的是断疆苏万卷支系的，我们要向这个支系学习。"③对某一支系中出现的值得在家族中推广的新鲜事物也会不吝言辞地给予表扬宣传："大竹园苏万成支系，由苏红武和苏红敏两人倡议，已经连续三年，每年正月初三晚上，宏字辈共10人齐聚在一起，畅所欲言，回顾过去一年的收获，展望新的一年的打算，共谋发展，共同进步。这是我们家族又一新鲜事物的涌现。……在此，我代表家族议事会对你们的做法表示肯定和表扬，你们的做法完全可以在整个家族中推广！"④

总而言之，当下的油菜坡苏系家族的血缘观念，不再是

---

① 摘自《油菜坡苏系家族2015年度情况报告》。
② 摘自《油菜坡苏系家族2016年度情况报告》。
③ 摘自《油菜坡苏系家族2014年度情况报告》。
④ 摘自《油菜坡苏系家族2015年度情况报告》。

传统宗法观念下的血缘偏重,而是更加平等、更加广泛、更加一视同仁的血缘和姻缘并重的观念。它强调谱系,但不再将谱系作为唯一的标准;注重血缘,但仅将血缘作为凝聚和维护亲情的手段。在新的血缘观念下,油菜坡苏系家族的家族内涵与外延也发生了相应的变化,"家族"逐渐成为基本上按男性血缘世系原则联结的,又包括了女儿、女婿、媳妇甚至是某些拟制血缘关系的,具有松散边界的族群共同体。

二、开拓发展路径

重启后的油菜坡苏系家族清明大会不仅更新了传统家族的血缘观念,在功能定位上也积极突破创新,使之作为阖族齐聚、共祭先祖的重要活动之余,也成为开拓家族发展路径、激发家族生产活力的有效平台。油菜坡苏系家族清明大会对家族发展路径的探索主要以打造家族饮食文化品牌为主要方式。

据油菜坡苏系家族议事会成员介绍,他们最初形成打造家族饮食文化品牌这一想法的缘由在于,他们认为在苏系家族中,有许多心灵手巧之人,他们擅长茶饭、厨艺精湛,制作出许多在当地声名远播的美食。但是由于知识不足、视野局限,一直难以走出家门让更多的外人知晓。随着乡村振兴与精准扶贫在乡村社会的有效衔接和有序推进,油菜坡苏系家族议事会从中深受启发,他们开始尝试从饮食文化的角度出发去打造他们自己的家族品牌,并利用家族清明大会的平台使族人们制作的精美食品能够走向社会并引起广泛的关注

家族文化的复兴与重构
——以油菜坡苏系家族文化建设为个案

与青睐,进而成为提高家族经济收入、扩大家族影响力的重要路径。由此可知,油菜坡苏系家族所想要打造的家族饮食文化品牌是指由苏系家族塑造的具有一定经济价值和社会影响力的品牌,它以食品为物质载体,但同时又是苏系家族精神与家族文化的集中体现。

"良心糖坊"是油菜坡苏系家族为坚持用传统工艺熬制麦芽糖的苏顺良组建的糖坊,也是苏系家族打造的第一个集文化价值和经济价值于一体的饮食文化品牌。在油菜坡,麦芽糖又被称为麻糖,是依靠人力纯手工制作的糖。"它的熬制全靠手工,从石磨推苞谷到铁锅煮浆,从纱布口袋过滤到下麦芽引子,从柴火熬到双手拔,整个过程全是祖上流传下来的传统手艺。熬制麻糖,从头到尾全靠手工,不用任何现代机械。"[①] 这种用当地传统纯手工熬制的麦芽糖不仅成本高、工序多,且产出少、收入低,生活逐渐富裕的油菜坡人不愿再付出时间和精力熬糖,而更愿意花钱买外来的糖吃。在工业文明和外来文化的双重冲击下,油菜坡熬糖的人越来越少,熬糖的传统手艺也渐行渐远,濒临失传。然而在大部分人放弃熬制麦芽糖时,苏顺良仍然坚持几十年只用传统工艺熬糖。提到他熬制的糖,苏顺良曾无比自信地说,"我的糖,用的是油菜坡的苞谷,苏家龙洞的水,土生土长的麦芽,然后再用木柴火拼命地熬上七八个小时,等糖起锅后,我还要和我老婆每人抓住糖的一头,像拔河一样,左扯右拽,扯得满头汗

---

① 苏系族人苏顺刚在"良心糖坊"开张仪式上对良心麻糖的介绍。

流,拽得脸红脖子粗,直到把糖拔白、拔亮、拔紧,才算大功告成。"①对传统手艺的坚持,以及用心做糖的原则,使苏顺良的麻糖吃起来甜而不腻、脆而不枯。他熬制的麻糖逐渐成为油菜坡上最后一块"原汁原味"的麦芽糖。为了留住这最后一块糖,也为了使苏顺良这种匠人精神得以传承发扬,2018年,油菜坡苏系家族组建了糖坊,取名"良心糖坊"。为良心糖坊取名的苏系族人苏顺刚介绍说,之所以取名"良心糖坊,一是我的堂兄叫苏顺良,良心糖坊与他的名字十分吻合。虽然没多少文化,但他尤其热爱农耕文化,会舂米,会煮酒,会打草鞋,会卷旱烟,会编竹筐子,更会熬麦芽糖;二是他的糖不掺假,不耍滑,从来不会偷工减料,从来不会坑蒙拐骗,从来不会花里胡哨。苏顺良在整个熬糖过程中倾注了他的真情、他的善意、他的辛勤,还有他难能可贵的工匠精神,所以他熬的糖可以称为真正的良心糖。"②显然,苏系家族对"良心糖坊"的打造,不仅融入了坚守传统手工业的信仰和匠人精神,还将苏系家族传承已久的"凭良心做人、用良心做事"的家族精神融入其中,使文化品牌与家族精神一脉相承、相辅相成。

2019年,油菜坡苏系家族议事会常务委员苏安佳在清明大会上向所有到场宾客隆重且正式地介绍了良心糖坊,将品牌背后的故事和精神,麦芽糖熬制的工序和手艺,苏顺良对手工麻糖的坚守和传承一一讲述给现场的族人和嘉宾。此外,

---

① 苏系族人苏顺刚在"良心糖坊"开张仪式上对良心麻糖的介绍。
② 同上。

他还以打趣的方式向大家讲了一个关于良心糖坊主人苏顺良的顺口溜：麦苗儿青来菜花儿黄，油菜坡出了一个苏顺良，虽说有点儿怕老婆，但他会熬麦芽糖。在大家的捧腹大笑中，会熬麦芽糖的苏顺良先生和他的儿子端着新鲜出炉的麦芽糖走向人群请大家试吃。在场的所有人一边品尝着良心糖坊的良心麻糖，一边回味着打趣的顺口溜，在享用美味的同时也加深了对良心糖坊用古法手艺熬糖、用良心熬糖的感受和认知。

图3.6 苏顺良和他的良心麻糖①

清明大会结束后，一些爱好文学的嘉宾纷纷将油菜坡上的麦芽糖写进了他们的散文中，并发表在网络上；一些爱好摄影的民间艺术家将甜蜜的麦芽糖拍成了照片分享在他们的

---

① 图3.6：苏顺良和他的良心麻糖。图片由笔者在油菜坡苏系家族2021年清明大会现场拍摄，图中苏顺良端着他熬制的麦芽糖正准备请到场宾客品尝。

社交平台上；一些传统文化爱好者纷纷前往良心糖坊，体验熬糖和拔糖的乐趣；还有一些美食家将他们品尝过的良心糖坊的麦芽糖推荐给了亲朋好友……苏顺良和他的良心糖在人们的口耳相传中，被紧紧地连在一起，并且形成了强大的品牌效应。提及麦芽糖，人们首先就会想到油菜坡的苏顺良。据苏顺良讲，有一次他背着麦芽糖去店垭街上卖。路过的人问，这是油菜坡苏顺良的麻糖吗？他说是的，我就是苏顺良。路人们一听是苏顺良在卖糖，顿时把他的糖一抢而光。关于苏顺良的那首顺口溜也在之后不胫而走，几乎成为苏顺良和良心糖坊的广告词，为良心麻糖这个品牌的打造和传播发挥了巨大作用。此后，前往良心糖坊买糖的人几乎成群结队、络绎不绝。不仅附近乡邻步行来买糖，更有远在外地的人驱车前往油菜坡买糖。春节前夕良心糖坊的糖更是供不应求。为了方便异地的顾客买糖，油菜坡苏系家族又及时地开通了网购平台，通过网络进行线上售卖。如今，油菜坡苏系家族的苏顺良先生的良心糖坊和良心麻糖，已经成为一个小有影响力的饮食文化品牌，不仅在店垭一带颇受欢迎，还走出了保康县，走向了全国各地。

  2021年，在油菜坡苏系家族清明大会上，苏系家族总结了"良心糖坊"的发展经验，在此基础上又启动了"兰艳包"和黑脑壳叶懒豆腐两个家族品牌的打造活动。在大会上，议事会副会长苏顺敏向大家介绍了这两种极具特色的食品，他讲道："'兰艳包'是油菜坡苏系家族议事会副秘书长苏顺华先生的老婆尚兰艳女士发明的一种包子，包子不大不小，不白不黑,形状饱满,有点儿像奶柿子。馅子由猪油渣、豆腐条、萝卜丁主打,佐以花椒粉、辣椒面、小葱花,牙齿一咬,香气扑鼻,稍不留神就会咬掉自己的舌头,味道真是好极了。""黑脑壳叶懒豆腐是会长苏安发先生的夫人包应祝女士烹制的,要色有色,要香有香,要味有味,堪称一绝,也值得好好打造。"[①]在当天的清明家宴中,油菜坡苏系家族还专门提前制作了几百个"兰艳包"分享给在场的族人和嘉宾品尝,吃过的人无不连声惊叹,有的嘉宾当场就询问了制作"兰艳包"的尚兰艳的联系方式,想要预定包子。

麦芽糖、"兰艳包"和黑脑壳叶懒豆腐,都是由苏系族人制作的精美食品,也是苏系家族尽力打造的家族饮食文化品牌,是经济价值和文化精神的双重凝聚。作为物质产品,它们满足了人们的口腹之欲,并为苏系家族带来了可观的经济收益;作为精神产品,它们在与顾客对话的过程中,也传递出工艺本身和品牌背后的文化故事,以及苏系家族的精神内涵和手艺人的价值品质。可以说,苏系家族将族人们所制作的食品与品牌和家族文化紧紧融合在一起,形成了家族品牌效应。如此一来,苏系家族所打造的文化产品也为家族带来了较为丰厚的物质收益。家族品牌与家族文化的深度捆绑,不仅使家族品牌获得了更多的收益,也提升了苏系家族的社会影响力。而家族影响力的提升又进一步扩大了家族品牌的收益,形成了家族品牌与家族文化间的正向循环。

---

① 摘自《油菜坡苏系家族2020年度情况报告》。

这不仅拓展了苏系家族的发展路径，也激发了家族内部的生产动力。

三、彰显时代特征

传统时期的清明大会是家族在清明期间围绕祖坟或祠堂展开的活动，以祭祖、议事和家宴为固定流程。它注重对家族内部伦理秩序的维护和家族认同的强化，而与时代、社会几乎毫无关联和互动。重启后的油菜坡苏系家族清明大会，在延续了传统清明大会的三大固定流程外，又不断向外延伸，将家族发展导向与时代号召和社会发展需求相融合，努力凸显家族活动内容的时代特征，以此来强化苏系家族的社会担当。

2015年10月，中国共产党第十八届中央委员会第五次全体会议公报中指出：坚持计划生育的基本国策，完善人口发展战略，全面实施一对夫妇可生育两个孩子政策，积极开展应对人口老龄化行动。二孩政策后，油菜坡苏系家族积极响应国家号召，在2016年清明大会中，苏系家族议事会副会长苏顺恭就在大会上鼓励年轻夫妇响应国家政策，为家族、为国家添丁加口、人丁兴旺而努力。在此后每一年的清明大会中，苏系家族也会在大会上对上一年度新增添了婴儿的家庭予以祝贺，对新出生的婴儿表示祝福和欢迎。例如在2018年清明大会上，议事会副会长苏顺敏在作报告的时候讲道："第十件，去年是个丰收年，我们油菜坡苏系家族又喜增人口九位。具体情况如下：苏安珍女士喜得一个孙子，苏顺香女士喜得一个孙子。苏天志先生、苏顺超先生、苏登成先生各喜得一个贵子。苏红燕女士、苏红英女士、苏红盼女士、苏红茹女士各喜得一个贵子。在这里,我要代表油菜坡苏系家族热烈欢迎这九位新生子女的到来,同时也要感谢这些新生子女的父母为我们家族添丁加口,并祝愿我们家族香火更旺,事业更兴,前程更美,生活更好。"① 面对家族二孩生育率较低的情况,苏系家族在 2019 年清明大会中再一次向家族成员发起了呼吁,"鼓励本族适龄夫妇生儿育女。人是世界上最为宝贵的力量,只有人丁兴旺和人才辈出,社会才能不断进步,国家才能持续发展,民族才能真正复兴。当前,中国人口老龄化现象越来越严重,所以国家调整了生育政策,提倡每对夫妻生两个孩子。就我们家族来说,人口的老龄化现象也不可忽视,而且新生人口还在逐年减少,2018 年,我们这么大一个家族居然只添了四个孩子,实在是少之又少。因此,议事会鼓励本族适龄夫妇,要抓住机遇,要及时生育,既为小家庭延续香火,也为大家族增强人气,更为全社会提供人才。为了把鼓励落到实处,议事会决定,凡是本族 2019 年新生的人口,一律给予红包奖励。奖金从家族发展基金中支出,同时还给新生人口的父母发送贺信。"② 为了鼓励适龄夫妇生育二胎,苏系家族还在家族发展基金中单独建立二胎奖励基金,在给予生育二孩的家族成员两百块钱的物质奖励的同时,还会为新生人口的父母发送贺信,对他们进行物质与

---

① 摘自《油菜坡苏系家族 2017 年度情况报告》。
② 摘自《油菜坡苏系家族 2018 年度情况报告》。

精神的双重肯定。

　　油菜坡苏系家族在清明大会中还引导家族成员积极开展家族内部的对口帮扶活动。在2019年清明大会上，苏系家族议事会副会长苏安佳向全体族人发起了倡议，他说道："今年是我们国家脱贫攻坚的关键之年，毫无疑问，精准扶贫将是今年党和国家一切工作的重中之重。脱贫攻坚，既是国家大事，也是我们家族的大事。因此，我们家族也要行动起来，积极投入精准扶贫这场声势浩大、意义深远的伟大战斗。我们油菜坡苏系家族有九大支系，建议每个支系选出一户最需要帮扶、也最值得帮扶的人家，然后由议事会安排既有财力又有爱心的族胞去对口帮扶。为了对口帮扶行动尽快展开，议事会决定成立一个帮扶工作小组，组长由苏安发会长担任，副组长由苏顺敏副会长和苏顺刚教授担任，工作组其他成员由陈晓董事长、苏顺强教授、苏红鹏秘书长、苏也博士、苏顺恭副会长和店垭的苏顺华总经理担任。"[1]精准扶贫是国家"运用科学有效程序对扶贫对象实施精确识别、精确帮扶、精确管理的治贫方式"[2]，但由于我国精准扶贫所采取的是直接面对困难户的扶贫方式，需要大量的资源，而单纯依靠国家和政府很难解决问题。因此习近平总书记在贵州召开部分省区市党委主要负责同志座谈会上强调：扶贫开发是全党全社会的共同责任，要动员和凝聚全社会力量广泛参与。苏系家族在清明大会上发出的帮扶族胞的倡议正是对国家精准扶贫工作的积极参与，也

---

[1]　摘自《油菜坡苏系家族2018年度情况报告》。

[2]　百度百科词条"精准扶贫"。

家族文化的复兴与重构
——以油菜坡苏系家族文化建设为个案

为形成多元主体的社会扶贫体系发挥了一定的作用。

清明大会结束后，油菜坡苏系家族召开了议事会常务委员会，决定以实际行动帮助困难族胞脱贫致富。他们商量后，将望粮山的苏天根先生定为首个重点帮扶对象，因为"苏天根先生，妻子害病，长年吃药，弟弟腿残，至今单身，孙女尚小，嗷嗷待哺，家底薄弱，十分困难"①。确定好对象后，陈晓、苏顺刚、苏顺敏、苏顺强和远在美国的苏也一起为苏天根捐献了一笔帮扶款，由会长苏安发送至其手中。苏系家族对困难族人的帮扶并不仅仅是筹集善款帮其渡过暂时的困难，而是亲自去他家中进行实地考察，帮他分析资源、分析市场、分析人力、分析特长，最后为其量身打造了以家庭养殖为突破口的脱贫方案。在家族的帮助下，苏天根开始养猪、养羊、养牛、养鸡。经过一年的辛勤劳作，苏天根的家庭养殖已经小有规模，养殖的第一年就达到了纯利润十万元以上，基本上脱离贫困，过上了吃喝不愁的小康生活。此外，苏系家族还对口帮扶了家住油菜坡的苏顺良先生，根据他擅长熬制麦芽糖的优势，帮助他组建了良心糖坊，并以此为中心带动家庭养殖业和特色种植业的发展，使其家庭人口人均年收入突破三万元。

在开展物质扶贫的同时，油菜坡苏系家族的苏顺刚还倡议开展"教授下村季度讲堂"活动，以此来提高家族成员及周边百姓的精神素质，使村民们在物质富裕的同时也能实现

---

① 摘自《油菜坡苏系家族2020年度情况报告》。

精神富裕，最终真正脱贫，实现乡村的真正振兴。这个建议得到了当地的望粮山村委会的热烈支持和上级有关部门的高度重视。2019年，苏系家族配合当地的望粮山村委会一共组织了春夏秋冬四次专家讲座，主讲者均为大学教授，基本上都是省政府参事。四场讲座中，中国地质大学的陶应发教授以《女性在和谐乡村建设中的作用》为题进行了第一讲，华中师范大学晓苏教授以《家风建设与乡村振兴》为题进行了第二讲，湖北第二师范学院音乐系主任袁渊教授以《美丽乡村要唱响动人歌声》为题进行了第三讲，中南民族大学邵则遂教授以《茶文化和茶产业》为题进行了第四讲。讲座主题聚焦乡村治理和疫后重振等村民们感兴趣的话题，讲座内容兼及理论与实际，讲座形式结合线下与线上等多重方式，获得了村民们的热烈好评。苏安佳在2019年苏系家族清明大会中总结说："教授下村，也是精准扶贫的一种形式，属于精神扶贫。在举国上下开展脱贫攻坚的关键时期，教授下村，给农村兄弟姐妹讲形势，讲文化，讲科学，讲知识，讲生活，实际上是为了提高广大人民群众的精神素质，所以叫精神扶贫。在扶贫之路上，我们必须坚持物质扶贫和精神扶贫两条腿一起走，只有这样，我们摆脱贫困之后才不会返回贫困。因为物质是暂时的，精神才是永恒的。因此，'教授下村季度讲堂'这个创意非常好，既有政治意义又有实用价值。第一季度的教授讲课已经讲过了，主讲者是中国地质大学的陶应发教授，讲的题目是《女性在和谐乡村建设中的作用》，这个主题与国家的乡村振兴战略非常切近，听讲的人听了以后都

家族文化的复兴与重构
——以油菜坡苏系家族文化建设为个案

说好听,有脑洞大开、眼窝一亮的感觉。今年还有三讲,我们家族议事会要继续负责请好主讲专家,安排好会场,搞好服务工作。"

油菜坡苏系家族通过对清明大会的内容、形式和功能等方面的理性改造,对其文化意义进行现代性转化,打造出了更加适合新时期家族文化的展现形式和实践载体,不仅更能满足当下族人的情感需求和精神归属,发挥家族文化的价值和意义,也为当地和谐乡村建设和文化小康建设注入了正能量、增添了新活力。通过坚持不懈地举办清明大会,油菜坡苏系家族内部初步形成了"孝顺、和睦、勤劳、善良、诚实、明白、上进、开放"的家族风气,整个家族也呈现出积极向上的精神风貌:族人遵纪守法,文明自律;行为处事以孝为先,以和为上,以善为贵。越办越好的清明大会逐渐成为油菜坡苏系家族的一个著名品牌,在当地声名鹊起,获得了广泛的社会关注。不仅本地人,远在襄阳、宜昌、武汉的外地人也慕名前来学习、取经。更吸引了华中师范大学非物质文化遗产研究中心在油菜坡苏系家族挂牌"华中师范大学鄂西北家族文化调研基地",将其作为家族文化的调研基地进行研究。以上表明,油菜坡苏系家族打造出的新型民间清明会,为当代家族文化建设提供了参考范本,其对具有中国特色的社会主义新型家族建设路径的探索,也正得到社会的认可。

第四章　家族文化内涵的嬗变

家族文化复兴，是指20世纪80年代出现的以续修族谱、重修宗祠、共祭祖先、重开清明大会等为主要表现形式的社会现象。从字面意义上来看，"复兴"指的是隐匿了一段时期的文化符号和实践重新获得它们失去的意义[①]。但实际上，经历了从传统到现代的社会转型，新的文化语境下家族文化的复兴，已不再是对传统家族文化的复制和翻版，而是脱离了传统文化的某些特质，有了时代的印记和特征。对于油菜坡苏系家族来说，经历了改革开放以后中国社会的巨大变革，家族文化重构和运行的外部环境与内部因素均发生了重要变化，在此基础上的家族文化"复兴"实际是一种新的文化"再造"，其意义和内涵，结构与功能都与历史形态有着质的区别。复兴后的油菜坡苏系家族文化呈现出现代社会的基质，它不再是封建宗法制度的延续，不再是封建文化体系的构成，不再是封建意识形态的遗留，而是有着时代精神、现代价值的新的文化，表现为文化意义的当代重构和文化内涵的质性变迁。

---

① ［挪威］托马斯·许兰德·埃里克森：《小地方，大论题——社会文化人类学导论》，董薇译，北京：商务印书馆，2008年。

家族文化的复兴与重构
——以油菜坡苏系家族文化建设为个案

第一节 提升家族女性的社会地位

在几千年的中国传统社会，根深蒂固的封建宗法制度和君主专制制度，使男性长期占据着国家和家庭的核心位置，而女性一直处于被支配和边缘的地位，丧失独立人格而只能以男性附属品的形式被禁锢于家庭之中。随着社会的发展和时代的进步，女性主体意识逐渐觉醒，她们自身的优势和价值也难以再被忽视和贬抑，能否接纳和正视女性成为衡量一个国家文明程度和现代化进程的重要标准。法国近代著名思想家傅立叶，就曾在其代表作《四种运动的理论》中提出了关于女性的自由和权利的著名论断："某一时代的社会进步和变迁是同妇女走向自由的程度相适应的，而社会秩序的衰落是同妇女自由减少的程度相适应的。""妇女权利的扩大是一切社会进步的基本原则。"[①]恩格斯对其观点表示赞赏，并进一步将女性解放和社会进步的关系概括为："在任何社会中，妇女解放的程度是衡量普遍解放的天然尺度。"[②]1949年，中国共产党带领中国人民建立了中华人民共和国。中华人民共和国成立后废除了一切歧视、压迫女性的法律条令，将中国女性从几千年来的封建文化压迫中解放出来，并将男女平等写进宪法。但是根深蒂固的传统观念并没有因为现代社会的到来而彻底消失，中国不少地区仍然残留着传统的两性观念，

---

① [法]傅立叶:《四种运动的理论》，转引自《马克思恩格斯选集(第三卷)》，北京：人民出版社，1972年。
② 《马克思恩格斯选集（第三卷）》，北京：人民出版社，1972年。

女性地位并没有得到充分的尊重和正视。作为传统族权、父权和夫权的集中场域,家族对女性的积极态度对女性地位的提升有着直接的影响。因此,复兴后的油菜坡苏系家族致力于提升家族女性的社会地位,通过纠正女性的身份偏见、赋予女性家族话语权力和充分发挥女性性别优势等方面来努力实现男女平等、男女平权的社会目标。

一、纠正女性身份偏见

身份偏见是依据身份及身份之间的关系而产生的偏差、错误之见,或者因为身份差异而给予他人不公平的地位和看法。在传统时期的中国,身份是一个人最重要的地位标志。他所能获取的生存资源、社会地位和荣辱尊卑都是由其身份所决定的。可以说,古代中国就是一个极其讲究身份的国家,古代中国社会就是一个唯身份制论的社会。这种对身份的重视突出地体现在君权、父权和夫权的绝对权威上,具体表现为君对臣的绝对驾驭,父对子的绝对支配和夫对妻的绝对掌控。其中,女性因为其为人妻的身份而始终处于被支配、被忽视、被压抑的地位,只能依附于丈夫而没有任何的独立人格可言。对此,陈东原有过专门论述:"宗法社会中有一最特殊而最不平等的观念,便是妇人非'子'。'子'是滋生长养之意,是男子的专称,是能够传宗接代的。妇人,不过伏于人罢了;夫人,不过扶人罢了。"①

---

① 陈东原:《中国妇女生活史》,北京:商务印书馆,2015 年。

对女性的这种身份偏见，其根源在于对女性的性别偏见。这种偏见并非天然存在，而是源于传统的男权制语境，是父权神话和父系霸权长期发展的产物。法国著名马克思主义哲学家阿尔图塞指出："人的社会性别和形象也是在社会、历史和文化的变迁中被不断建构的，非自然本质"[1]。在我国几千年的封建历史中，父权制话语占据了绝对的统治中心，也为社会对女性性别的偏见奠定了根深蒂固的思想基础，"男尊女卑""男主女次""男先于女"等观念正是对男性中心主义思想的映射。而在民间流传的诸多俗语，如"嫁汉嫁汉，穿衣吃饭""嫁出去的姑娘泼出去的水""娶来的媳妇买来的马，任人骑来任人打""打老婆、骂老婆、手内无钱卖老婆""木大做栋梁，女大做填房""嫁鸡随鸡嫁狗随狗嫁个猴子满山走"等，正是这种父权制文化背景下对女性的偏见的充分体现。在当下的苏系家族中，落后的性别观在部分家庭中仍有所遗留，影响着人们对男女平等观念的建立和接纳，成为提升家族女性社会地位的阻碍。复兴后的苏系家族一方面通过颠覆传统父权制语境下制定的文化环境与空间来建立新的文化体系和环境，营造男女平等的家族氛围；另一方面又通过正视和肯定女性的价值，冲破这种落后偏见与禁忌带来的束缚，来帮助女性建立主体意识，明确主体身份。

首先，复兴后的油菜坡苏系家族文化摒弃了女性只能作为男性的附属品而存在于家族中的封建思想，赋予了家族女

---

[1] 魏海童：《社交媒体中的性别刻板印象批判》，《东南传播》，2016年第9期。

性家族主体的身份和地位，反映在族谱中，即苏姓女性和外姓儿媳同苏族男丁一起进入族谱，拥有平等无差的家族身份。族谱是一个家族血脉谱系的记录，也是父权制文化下对纯正父系血脉的捍卫和保证。因此传统时期族谱的编纂和维护都有着严格的限制和禁忌，只有家族男丁才有资格进入族谱。女性因为最终会嫁与外姓之人成为"外姓人"，而丧失了在家族入谱的资格。她们唯有在其出嫁并生育子女之后才能以"冠夫姓"的形式进入夫家族谱。在油菜坡苏系家族新修的族谱中，女性进入族谱的禁忌被打破。不仅如此，女性的丈夫及他们生育的第一代子女也被一并写入族谱，如"女：苏顺香，生于一九六四年七月二十四日，店垭公溪沟大竹园生长人氏。现居孙家坡。婿：蒋忠成，生于一九六五年七月十一日，店垭公溪沟孙家坡生长人氏。现居孙家坡。膝下一男蒋正华，媳义小会。"族中老人说，女性入谱在以前是绝无仅有的事情，姻亲入谱更是打破了传统陈规。族谱是家族的一面镜子，将女性写入族谱，认同和尊重她们的独立人格和存在价值，不仅彰显了苏系家族对家族女性一视同仁的尊重和重视，族谱对血缘关系、姻亲关系的完整记录还进一步拓宽了家族的外延，改变了家族这种父系共同体的刻板和生硬，为其注入了更多的亲情与博爱。

其次，油菜坡苏系家族在撰写族谱人物传时，也将家族内部的优秀女性悉数列入其中。对她们的记载也不再是从属于男人的异常简单的略写，而是与男性有着同等的介绍篇幅，且内容中也客观公允地记录了她们的优秀事迹。例如族谱中对苏天翠女士的介绍："聪明灵活，通情达理，待人接物，有分有寸。虽说家大口阔，却持家有方，不仅把所有子女都养大成人，而且让每个孩子都成家立业，自食其力。身为女流之辈，却胸怀男儿志气，为了让子女安居乐业，在极度困难的年代，通过勤扒苦做和省吃俭用，几年之间修建了十几间瓦房，令远近亲朋交口称赞。虽属出嫁女性，却始终关心苏氏家族的事务，具有强烈的家族感。"对王盛玉女士的介绍："苏天铨之妻。一个人在家赡养老人，抚养孩子，家里地里，日里夜里，不怕吃苦，不畏艰辛，勤劳节俭，持家有方。育有五个儿子，每个儿子都有文化，都有出息。"苏系家族在设计族谱中传主的记录顺序时也不再依从传统"男尊女卑""男前女后"的排名，所有传主无论性别、姓氏统一依据字派和年龄顺序记录。不仅如此，随着女性主体身份的确立，油菜坡苏系家族出嫁女儿的丈夫和生育的第一代子女也被录入族谱，并拥有独立的人物小传。例如谢尚臣："系苏天翠和谢元香之子。改革开放后，率先在村里培植木耳香菇，每年收入一万余元，是油菜坡最早的万元户之一，一度红遍半边坡。2004年，到坡下公路边修建楼房，是村里首批修建楼房的人。后又在表弟苏顺刚的帮助下创办私人养猪场，每年喂养肉猪五十余头，年收入超过三万元。同时还开办豆腐作坊，挑担子下乡，送豆腐上门，每年收入万余元。为人忠诚，孝顺父母，关心亲人，在方圆左右具有很好的影响。"

第三，复兴后的油菜坡苏系家族文化还破除了传统家族文化中的女性禁忌，允许苏系女性和男性一样同等地参与家族祭祖仪式。在传统时期，祖先祭祀是家族为巩固血缘认同、强化血缘纯正、维护血缘秩序所举行的重要仪式，家族企图在"报本反始，以伸孝思"的祭礼核心精神之上，达成"收族、治人，巩固封建统治"[1]的目的。因此祭祀通常是家族男性后人参与的活动，女性因其"外人"的身份和附属于男性的地位，而被迫完全退出了祭祀空间，祭祀彻底成为女性无法参与的禁区。复兴后的油菜坡苏系家族重启了清明祭祖大会，并打破了传统家族文化中关于女性参与祭祖活动的禁忌，不仅允许所有苏系女性参加清明大会的祭祖活动，还允许她们没有任何束缚地参加其他家族活动。在每年的苏系家族祭祖仪式上，苏系女性无论年幼，都依照辈分按序祭拜。在清明大会的其他环节也活跃着她们的积极身影，她们可以参加节目表演，担任颁奖嘉宾，还能与所有族人一起享用清明家宴。苏系女性在家族中由边缘的外人到居于同等核心地位的主体身份，其角色的变迁正是复兴后的苏系家族对她们家族身份的确认。她们在祭祖仪式中所享有的和男性同等的权利，也正是对现实生活中苏系家族所赋予的女性主体地位的仪式化展演。朱凤瀚曾针对女性的地位与祭祖之间的关系进行了专门论述，他认为女性在家族祭祀活动中的位置，是用来说明其在家族内地位高低的标志之一。女性参与祭祀的程度可以说在一定程度上是对家族内部宗法形态的差异与父权的强

---

[1] 赵华富：《徽州宗族祠堂的几个问题》，载于周绍泉、赵华富主编：《95国际徽学学术讨论会论文集》，合肥：安徽大学出版社，1997年。

弱的反映[①]。当下的苏系女性拥有了超越传统礼制所赋予女性的权利，享受着和男性同等的地位与身份。这一改变，不仅纠正了传统文化中的女性身份偏见，还响应了男女平等的国家号召和社会趋势，并构建了新的祭礼文化模式。

二、赋予女性话语权力

在传统中国，以男权思想为核心的伦理秩序长期占据着社会主导地位，反映在文化上表现出"一切正统文化与知识产权只属于一个性别，也只表达一个性别，只是男性欲望与想象的投射，女性在其中完全是缺席的和缄默的"[②]的局面。无论是主流文化对男性在家庭、社会中的地位和权力的全方位肯定，还是专门针对女性而设置的"三纲五常""三从四德"等礼教约束，无不显示出男性对话语权的牢牢掌控，以及作为统治者对女性的绝对轻视和打压。因此，在几千年的中国历史文本中，女性不仅是生活和文化的双重"他者"，更是"失语"和"空白"的存在。学者徐坤就曾指出：天地人神、宇宙万物，无论是神话的谱系、帝王的谱系，以及民间宗教、宗法谱系，无不是在记录和书写一部男性的血缘血脉史，女性谱系的书写之页呈现为一片空白。女性作为人女、人妻、人母，虽则拥有自己的姓氏和名字，然则那种依傍于父亲和丈夫的姓名，隐匿在一个庞大家谱当中的角落里，看似有名，实则处于

---

① 朱凤瀚：《论商周女性祭祀》，载于张国刚主编：《中国社会历史评论》（第一卷），天津：天津古籍出版社，1999年。
② 林丹娅：《当代中国女性文学史论》，厦门：厦门大学出版社，2003年。

"无名"状态，其实是一部男性的文明史使然。在一个强大的阳刚菲勒斯审美机制的垄断之中，母亲的历史无从展现。[①]

复兴后的油菜坡苏系家族意识到传统的"男权中心"对家族女性的不公平压制和排斥，他们试图纠正传统家族文化中的女性身份偏见，来营造男女平等的家族氛围，以此实现女性身份从边缘到中心的转变。但仅从族谱或家族活动中认可女性在家族中的合理身份，并不能使女性真正获得家族地位。因为从根本上来说，导致女性长久处于缺席和缄默的失语状态的根源在于"男权制"的家族结构和男性话语霸权。福柯将这种话语与权力之间的关系概括为"话语权力"，即话语产生权力，也是权力的产物，人们对话语的争夺实际蕴藏着权力的博弈和运作。所以，拥有同等的话语权才是两性平等的重要标志。唯有改变了"男性统治"下的家族结构及其相应的文化，才能使家族女性从"第二性"中真正摆脱，并在家族中发出自己的声音。当下的油菜坡苏系家族文化，解构了几千年来家族话语史中的"男权中心"，并积极为女性赋权，从根本上保证了家族女性话语权力的建构。

话语权力的建构与施展需要一定的平台，复兴后的苏系家族成立了家族议事会，相当于家族内部的权力机构。能够被选入议事会的族人"都是油菜坡苏系家族的领导人，他们具有一定的权威性，具有较强的先进性，具有广泛的代表

[①] 徐坤：《双调夜行船——九十年代的女性写作》，《小说界》，1998年第4期。

性。"① 在这个由权威性、先进性和代表性的族人构成的领导小组中，苏系家族为家族女性也预留了同样的机会和位置，例如苏红芳女士、苏天翠女士、苏顺珍女士、苏顺丽女士等人被选举为首届油菜坡苏系家族议事会常务委员。其中苏红芳女士还因为擅长财务、精通计算机被推选为油菜坡苏系家族发展基金管理小组成员。在油菜坡的九大支系中，也分别有一位族人被推举为支系负责人，其中也有不少女性成员，例如苏万发支系的苏天元女士等。在苏系家族搭建的这个话语平台中，她们依靠自己的智慧和才能，不仅为家族发展积极主动地献言献策、示范引领，在处理家族事务时也能成为很好的决策者和执行者，展示出新时代女性的卓越风姿和动人风采。

除此之外，油菜坡苏系家族还打破了传统家族表彰中男性对获奖人物的垄断，赋予了女性平等参与先进人物评选的权利。从表面上看，这是对优秀女性予以表彰和鼓励，归根究底，是对传统家族权力场域中缺失女性话语权力的修正和补充。例如评选苏红芳女士为2015年度杰出人物奖，油菜坡苏系家族为其撰写的颁奖辞为："苏红芳女士系苏顺益先生和郝永清女士之次女，属于八〇后青年，嫁在马良，现在马良东方超市工作。她虽然年轻，但知书达理；虽然出嫁，但心系娘家；虽然上有老下有小，工作繁重，但对家族事务从不推脱，更不马虎。受家族议事会的重托，她负责家族发展基金的账目，自上任以来，品行端正，态度积极，待人热情，

---

① 摘自油菜坡苏系家族2012年清明大会上主持人的讲话稿。

工作细致,每笔收支都一清二楚,没出现任何差错,在平凡而琐碎的工作中为家族做出了杰出贡献。"[1]评选苏红雨女士为2017年度孝顺人物奖,苏系家族在颁奖辞中写道:"苏红雨女士系苏顺三先生和万太月女士的女儿。她远嫁贵州,和丈夫一起在深圳打工,孩子才三岁,又要买车,又要供房,很不容易;但她孝顺父母,心地善良,去年硬是给父母凑够30万元在老家盖起了新房,以报答父母的养育之恩。年前回到老家,陪着丈夫,带着孩子,要么上油菜坡祭祖上坟,要么看望长辈亲人,过年还把大姑一家人接到自己家团年。身为八〇后青年,苏红雨女士能继承家族优良传统,孝敬父母,尊老爱幼,亲情至上,难能可贵。"[2]苏系家族在历年的家族报告中,还肯定和表扬了给婆婆洗澡的有良心的黄爱梅女士,乔迁新居、生活越过越好的苏安菊、苏顺芝、苏顺喜、苏红艳等女士,活到老学到老的包应祝女士,勤劳贤惠、明理重情的朱培芝女士,和睦家人、帮扶弟妹的苏顺珍女士,代父行孝的孝顺模范苏顺美女士,等等。

在油菜坡苏系家族搭建的话语平台上,女性的地位获得了很大的提升,也拥有了建构话语权力的机会。她们不再蜷缩于传统男性话语制定的"男尊女卑""男先女后""男主女次""男主外女主内"的性别秩序之下,而是主动参与到原来由男性掌控的场所和空间中。苏系家族维护了家族女性在新时期的角色转变,并且对她们冲出传统藩篱的勇气予以了鼓

---

[1] 摘自油菜坡苏系家族2015年度杰出人物奖获得者苏红芳的颁奖辞。
[2] 摘自油菜坡苏系家族2017年度孝顺人物奖获得者苏红雨的颁奖辞。

励和支持。例如马良苏家花园的苏也女士，不仅走出了家庭的狭小领域，求学美国攻读博士学位，毕业后还在美国一所大学担任教师，并且依靠自己的实力买了别墅。对于苏系家族第一个在国外留学并学有所成的人才，油菜坡苏系家族毫不吝啬地予以夸赞"苏家花园，人才辈出！苏家女子，也能成才！"[1]对于"女主外"且"主外"有成的苏天元女士，油菜坡苏系家族不仅夸赞她"为人正直，心地善良，头脑灵活，手脚勤快，艰苦创业，成绩突出。她善于因地制宜，抢抓机遇，与丈夫团结一心，带领两个儿子和儿媳一心一意奔小康，办商店，买汽车，开砖厂，取得了良好的社会效益和经济效益。"[2]还将她的优秀事迹创作成鲜活的表演唱作品《儿子儿媳唱母亲》加以宣传和推广，歌曲唱道："母亲名叫苏天元，家住水田公路边，开了一个百货店，卖糖卖酒也卖盐。母亲名叫苏天元，吃苦耐劳会种田，稻谷打米麦磨面，有吃有穿有尊严。母亲名叫苏天元，创业致富敢当先，大车小车样样全，喇叭一响都是钱。母亲名叫苏天元，家庭和睦子孙贤，众人拾柴好火焰，幸福生活万万年。"[3]

三、发挥女性性别优势

在数千年男权文化的侵袭下，女性被视为男性的附属品而被纳入男性的支配之中，她们的声音也被淹没、鄙夷和

---

[1] 摘自《油菜坡苏系家族2015年度情况报告》。
[2] 摘自油菜坡苏系家族2014年度创业人物奖获得者苏天元的颁奖辞。
[3] 摘自由苏系家族族人创作的表演唱作品《儿子儿媳唱母亲》。

压制，逐渐失去了展示自我和建构话语权力的可能性。在漫长的家族历史中，女性要么放弃自己鲜明的个性和特点，消隐独特的声音和优势，顺从于男性话语所制定的"男尊女卑""男主外女主内"的性别秩序而求生存。要么将其自身融化于男性意识之中，以迎合社会规则、扮演男性化角色出现，并以男性的声音讲话，来获取更多的说话机会[1]。中华人民共和国成立后，捆束中国人民尤其是农民的四条绳索被斩断，中国女性也从数千年的封建枷锁中被解放出来。中华人民共和国的成立使女性的地位空前提高，在国家对"男女平等""妇女能顶半边天"的两性观念的大力宣扬中，中国女性纷纷走出家门，走上社会，积极投身社会劳动，和男性一同生产，一起劳作，涌现了一大批"巾帼不让须眉"的"铁姑娘"。但这一时期的社会对女性地位的提高，是在无视性别差异下对绝对的男女平等的刻意追求，它违背了自然规律，也给女性带来了伤害。著名女权主义者波伏娃曾指出，"男人是有性征的人，女人只有也是一个有性征的人，才能够成为一个健全的、和男性平等的人，否认她的女性气质就等于部分否认她的人性。"[2] 真正的男女平等和男女平权，建立在尊重性别差异，正视女性性别特征的基础之上。复兴后的油菜坡苏系家族也致力于提升女性的社会地位，油菜坡苏系家族对女

---

[1] 范红霞：《基于性别视角的媒介暴力研究》，浙江大学博士学位论文，2013年。

[2] ［法］西蒙娜·德·波伏娃：《第二性》（全译本），陶铁柱译，北京：中国书籍版社，1998年。

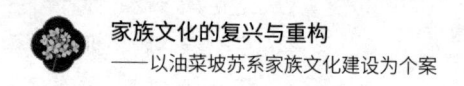

性的接纳和重视,以正视她们的性别优势和情感地位为基础,发挥她们对于家族发展和维系的重要价值。

  首先,生育特质是女性拥有的多种性别优势之一。油菜坡苏系家族对家族女性所具有的生育特质给予了足够的尊重,多次在公开场合鼓励适龄女性及时生儿育女。苏系家族认为"人是世界上最为宝贵的力量,只有人丁兴旺和人才辈出,社会才能不断进步,国家才能持续发展,民族才能真正复兴。"[①]女性因其独特的生理特征和生育能力,承担着繁衍后代、延续生命的重任,这是男性无法拥有和实现的,也是女性的伟大和可敬之处。苏系家族鼓励女性积极行使自己的生育权,"要抓住机遇,要及时生育,既为小家庭延续香火,也为大家族增强人气,更为全社会提供人才。"[②]为了把鼓励落在实处,油菜坡苏系家族议事会还为适龄女性设置了生育奖励机制,凡是当年新出生的人口,一律给予红包奖励。在物质奖励之外,油菜坡苏系家族议事会还给新生人口的父母发送贺信,对他们同时给予精神肯定。在每年的清明大会上,油菜坡苏系家族还会单独为新增人口的家庭送去祝福和祝贺,例如在2017年清明大会上,油菜坡苏系家族向2016年新增人口的家庭祝贺道:"2016年,我们家庭人丁更加兴旺,新添了许多小宝宝,为苏系家族补充了新鲜血液。苏红鹏、苏顺华、苏顺周喜得孙子;苏天艳、苏虹、田青、苏红武喜得贵子。"[③]

[①] 摘自《油菜坡苏系家族2018年度情况报告》。
[②] 同上。
[③] 摘自《油菜坡苏系家族2016年度情况报告》。

油菜坡苏系家族对女性发挥生育特质的鼓励，是以尊重女性生育特权为基础，与传统家族将女性作为传宗接代、繁衍子嗣的工具的封建思想截然不同。为了防止落后的"男孩偏好"观念的延续，油菜坡苏系家族对新出生的婴儿不论性别均表示同样的祝福和欢迎。在这些婴儿出生的当天，油菜坡苏系家族议事会成员还会去其家中进行慰问，并且为每位宝宝送上两百元礼金，以此强化对女性生育权力的尊重，以及对男女两性族人的同等重视。

其次，油菜坡苏系家族还格外重视女性在家庭教育方面所能发挥的重要优势。在一个家庭中，母亲是子女的第一任老师。她们的行为、习惯、思想、教育方式对子女的个性养成和品德塑造具有十分重要的影响。油菜坡苏系家族对女性的容纳和肯定，对优秀母亲的表彰和宣传，正是正视她们在家庭教育方面所具有的无可替代的核心地位。因此，油菜坡苏系家族不遗余力地多次在公开场合表彰争做子女优秀榜样的女性。例如在2019年清明大会中，油菜坡苏系家族议事会副会长苏顺敏就曾在大会上对苏天翠女士成功的家庭教育进行了赞扬："油菜坡苏天翠女士的丈夫谢元香先生，因为已经九十高龄，体力逐渐不支，加上去年冬天大雪如盖，天气奇冷，老人家便患了一场大病。谢元香先生患病之后，苏天翠女士一声令下，在外地工作的儿孙们便雷厉风行，迅速从四面八方赶回家中。有的丢下了工作，有的放弃了商机，有的抛下了小家。在他们看来，工作、商机和小家再重要，都没有父亲或爷爷重要。回家之后，儿子孙子们分工协作，轮流排班,日夜陪守着病人。他们细心照料,精心呵护,喂饭喂药,端屎端尿,几个月如一日,彻底颠覆了久病床前无孝子的俗话。孝心感动天地,真情换来奇迹,一病不起长达两个月之久的谢元香先生在立春之后居然一下子病好如初了。"[1]在母亲的影响下,苏天翠的几个子女也都具有浓厚的亲情观念。她的儿子谢尚文听说油菜坡苏系家族议事会成立了发展基金,一次性为发展基金捐赠了五千元。苏系家族议事会感叹道:"如果谢尚文不爱他的母亲,不爱我们这个家族,他会出手这么大方吗?……他这么做,完全是凭一颗良心。他虽然不姓苏,但他的母亲姓苏,他深知自己与苏系家族有着亲密的关系,所以他要关心这个家族,他要支持这个家族。再次,我提议大家用热烈的掌声对谢尚文先生表示感谢,也对培养出这么一个优秀儿子的苏天翠女士表示敬意!"[2]还有同样为子女做出优秀榜样的苏天元女士、苏顺珍女士、苏顺美女士、苏顺丽女士、朱培芝女士、王盛玉女士、刘勇女士等,油菜坡苏系家族不仅在公共场合对她们予以表扬,还将她们的优秀事迹制作成宣传画张贴于文化广场,或者创作成文艺作品在清明大会等活动中表演宣传。

第三,油菜坡苏系家族还进一步激发了苏系女性在维系家族共同体,维护家庭和谐稳定方面的特殊能量。一直以来,母亲都是家庭的情感中心,也是家族的情感中心,这是由人类与生俱来的情感天性所决定的。油菜坡苏系家族在复兴之

---

[1] 摘自《油菜坡苏系家族2018年度情况报告》。
[2] 摘自《油菜坡苏系家族2014年度情况报告》。

前，一直处于四分五裂的状态之中：九大支系的族人分别居住于不同的地方，东南西北，山阻水隔，互不往来，关系淡漠。即使在支系内部，也常出现兄弟阋墙、家人不睦、夫妻不和的情况。复兴后的油菜坡苏系家族将女性紧密地团结起来，充分认可了她们在家族中的情感地位。她们也利用自身的情感优势，将家族成员紧紧地凝聚在一起，并充分发挥纽带与桥梁作用，协调好家族成员之间的关系，维护了整个家族的稳定与和谐。例如荣获2017年度杰出人物奖的苏顺丽女士，"家族责任感强，家族意识浓厚。多年来，为了支持女儿女婿的工作，她主动上保康给两个女儿轮换着带孩子，做家务，和睦相处；同时又兼顾家族这个大家庭，逢年过节，她又回到公溪沟老地方，与亲人团聚，勤走动，多问候。更为可贵的是，作为家族成员，连续七年，每年清明大祭祖，她都能亲自到场，并捐赠基金；每年正月初九召开的家族议事常委会议，她都能按时参加，且积极发言，为家族的发展做出了积极的卓有成效的贡献。她与人为善，和颜悦色，言行一致，表里如一，在最平凡的生活中用她最朴实的行动诠释了如何处理小家庭和大家族的关系，乃至为人处世的道理。"①还有用实际行动诠释血浓于水和亲情无价的苏顺珍女士，替父亲照顾年迈祖父的苏顺美女士，帮兄弟实现游子还乡梦而让出老宅的孙华英女士，顾小家又兼顾大家的朱培芝女士，尊老爱幼亲情至上的苏红雨女士，慷慨大方帮扶亲人的刘勇

---

① 摘自油菜坡苏系家族2017年度杰出人物奖获得者苏顺丽的颁奖辞。

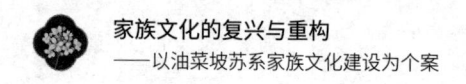

女士等，都为家族的和谐发展做出了突出贡献。

当下的苏系女性，不再是家族文化中虚空的存在，不再作为性别符号而淹没在家族的男性话语中。她们在家族给予的舞台上，充分发挥出自己的优势与魅力，成为家族文化实质的参与者、在场者和建构者，它甚至撼动和改变了家族这种人类共同体的情感品质，为父系共同体的生硬带来了母系的温暖[1]。而正是这种温暖，使复兴后的油菜坡苏系家族文化，更具凝聚力和人伦亲情，也更能成为亲情的依恋、离人的乡愁和游子的牵挂。

第二节 培育家族成员的开放精神

因为时代背景的不同，传统家族文化与现代社会文化之间存在着明显的差异，甚至是对立。两者之间的对立性其中之一就是传统家族文化具有封闭性，而现代社会文化具有开放性。传统家族文化的封闭性是"由于村落家族共同体生活在相对集中的一块土地上，又能够在这个领域中达成一定水平的自给自足，外部也没有什么经济力量和信息力量能够有力地渗透到村落共同体中来，因此其封闭性就逐步形成了。"[2]这种封闭性延伸至整个家族内部，形成了保守、排他的价值观念和思维方式，在阻碍外来文化进入的同时也将家族文化

---

[1] 胥志强：《小说家如何制礼作乐》，文学教育（下），2020年第3期。
[2] 王沪宁：《当代中国村落家族文化——对中国社会现代化的一项探索》，上海：上海人民出版社，1991年。

禁锢于一成不变的范围之内,使其难以得到发展和超越。因此在上个世纪末,我国部分地区出现的家族文化回流浪潮就引起了一些学者的警惕:家族文化在本质上的封闭性、排他性和反现代性往往不利于社会的整合,不利于社会体制的运转,不利于社会法律规范的贯彻,不利于公民文化的形成,因而最终不利于中国的现代化[1]。同时也遭到了一些学者的明确反对:"家法族规这类东西可不可以搞?我不主张搞。一种东西如果冠上'家'、'族'之类的限制词,尽管内容不坏,也就有了天然的排他性。"[2]如此看来,打破传统家族文化与现代社会文化之间的对立性,实现复兴后的家族文化与现代精神接续之通途,就要通过塑造家族文化的开放精神来转化传统家族文化的封闭性基质。这种转化是家族文化由传统走向现代不可避免的过程,也是家族文化葆有时代价值的必然要求。复兴后的油菜坡苏系家族格外重视对家族成员开放精神的培育,通过打破传统家族文化的封闭性、保守性和单一性,使家族文化走向丰富性和多样化,进而引导苏系族人形成更加开放、更加创新、更加多元的品格。

一、从封闭走向开放

实际上,开放精神是复兴后的油菜坡苏系家族文化颇为显著的精神标识。一般而言,家族的封闭性基质是由其所处

---

[1] 疏仁华:《村庄行为与农村家族文化的演进》,《当代世界与社会主义》,2007年第6期。
[2] 徐扬杰:《当前农村的家族活动及其出路》,《江汉论坛》,1996年第1期。

的时代背景和地理位置决定的。油菜坡苏系家族文化复兴时所处的现代社会是一个开放性的社会体系，家族不再是个人唯一可以依靠的生存资源，家族关系也不再是人们的全部社会关系。个体在社会中以公民的身份存在，突破了以往以家族为单位的交际圈。他们将交际关系延伸至社会的各个层面，呈现出开放外射、错综复杂的人际关系网。曾经封闭的家族团体，也已经融入整个社会的大循环之中，从衣、食、住、行、娱乐、教育等各个方面都与社会密切相连。在家族内部，家庭及个体的地位日渐独立、重要，女性地位不断提升，家族成员身份趋于平等自主，这些都必然要求家庭文化和家族文化表现出与之相适应的开放性转变。

"文化，即人化；文化的本质，即人的本质"，家族成员的开放意识也必然反映在他们所需要和重构的文化之中，促使复兴后的家族文化更加走向现代化特质的文化认同，更加注重对开放精神的塑造。这种对开放精神的要求首先被写进了族规和族歌中，以家族规范的形式引导族众自觉遵从。族规写道："要开放，不要保守。"族歌唱道："……第八我们必须要创新，思想守旧啥也干不成，开拓进取跟上新时代，共同创造美好的光景。"为进一步解释和激发家族成员的开放意识，家族议事会还在清明大会的家族报告中专门对两者的关系进行了明确讨论，例如2013年度家族报告："要正确认识和处理传统与现代的关系。目前，有两种极端的倾向，一种是极力维护传统的规范，死抱着老皇历不放；一种是极力推崇现代的风尚，一见到时髦就拼命追赶。这两种倾向都不对。

无论是传统的还是现代的，其中都有好坏两面。所以，我们既要继承，又要创新。只有这样，我们才会不断进步。"[1] 在2017年度的家族报告中又专门讨论了如何"正确认识和处理传统文化与时尚文化的关系""正确认识和处理本土文化与外来文化的关系"，告诫和引导族人既不能数典忘祖，也不能因循守旧，而是要以开放的精神吸收借鉴当代先进文明成果，来创新发展油菜坡苏系家族文化。

其次，油菜坡苏系家族文化的开放性，表现为对家族文化固有边界的模糊和扩大。家族是以血缘关系为纽带，拥有共同祖先的社会群体，具有明确的血统边界和亲疏划分。传统时期，清明大会及其活动场所祠堂，正是展示族权私有和神圣禁忌的家族符号。"神圣的事物一定要以一种特殊的方式标志或显示出来，以便使所有的人都知道它们的神圣性"[2]，所以祠堂不仅占据了家族聚落的核心位置，进入祠堂者的身份也有着严格的限制，只有成家的男丁才有资格进入祠堂祭拜祖先，女性和外姓人士一律禁止进入祠堂并参与祠堂的活动。这种清晰的群体边界，将家族的社会关系依据"亲"与"疏"，"近"与"远"，"自家"与"外人"进行了严格的划分，并加以区别对待。复兴后的油菜坡苏系家族将原本分散的族人重新凝聚，再次成为具有清晰边界的族群共同体。但这种边界只作为血缘关系的体认，而非文化上的禁锢。复兴后的油菜坡苏系家族文化呈现出鲜明的开放性，它打破了传统家

---

[1] 摘自《油菜坡苏系家族2013年度情况报告》。
[2] 金泽：《宗教人类学导论》，北京：宗教文化出版社，2001年出版。

家族文化的复兴与重构
——以油菜坡苏系家族文化建设为个案

族严明的边界限制和群体划分，使家族活动边界呈现出一定程度上的扩大趋势。例如，在每年的清明大会中，油菜坡苏系家族将原本排斥外人加入的原则打破。虽然其参与的主体仍然是家族成员，但并不拒绝姻亲关系、外姓乡邻及社会各界人士的参与，甚至每年清明大会都会盛邀上述人员出席。现在的油菜坡苏系家族清明大会不再是封闭与保守的家族聚会，而是昂扬着大气的文化气质，呈现出既稳定又开放的格局。稳定是指家族成员的必须性，开放是参与嘉宾的多元性。嘉宾的到来使油菜坡苏系家族的清明大会走出了固有的围墙，而与社会更加紧密地互动。除此之外，油菜坡苏系家族还转变了传统文化中的封闭观念，将原本具有私密性质的族谱印刷成册，作为历史资料或参考资料赠送、分享给外姓人士；将原本专属家族内部的活动，开放与外姓乡邻，成为当地百姓共同的狂欢节；将原本不可外扬的家丑，总结为家族报告在清明大会上当众宣读，不仅对家族成员起到教育和规训的作用，也使在场乡邻"见不贤而思自省"。

最后，油菜坡苏系家族文化的开放性，还表现为对外来文化的积极接纳。每年的清明大会，除苏系族人和他们自编自演的节目外，油菜坡苏系家族还会邀请当地的一些名人巧匠，请他们进行主题演讲，或者泼墨挥毫、现场书法作画，或者表演歌舞节目，或者担任颁奖嘉宾，使文化活动丰富多彩。尤其是到场嘉宾对家族年度报告进行指导和点评的环节，更展现出油菜坡苏系家族对现代性话语的积极接收。外姓嘉宾的到来，使家族活动不再是"闭门表演"，而是与社会有机联动。油菜坡苏系家族的文化广场也充分发挥了文化阵地的功能，它不仅是家族文化的宣传窗口，也是当地著名的文化景观。除了宣传本族成员的优秀事迹，2017年油菜坡苏系家族文化广场还展出了当地有名的民间摄影家李秀林先生为油菜坡拍摄的专题照片，2021年又展出了陈永高先生、胡启斌先生、李明义先生、詹孟海先生和孟娟女士的清明书法作品，在弘扬清明文化的同时，也激励苏系族人不断学习，提升艺术修养。

油菜坡苏系家族对开放意识的重视，对族人开放精神的塑造，所带来的直观作用就是改变了传统家族文化封闭、保守、短视、狭隘等缺点，而呈现出积极、进取、包容、和谐的新特点。新时代下重构的油菜坡苏系家族文化，有着对传统文化的扬弃，对女性地位的正视，对外来文化的辩证接纳。家族文化与时俱进的思想内涵也向我们传达出，家族文化或传统文化形式并不全然以现代化建设的障碍出现，我们应该反思对家族文化"落后""愚昧""遗留物""化石"之类的想象，而正视其在新的时代下受现代文化影响而具有的新的内涵。

二、从单一走向多元

在儒家思想占据主流地位的传统时期，儒家文化相对于其他文化而言处于中国文化的中心地位。以儒家思想为根基的家族文化，也对其他文化表现出强烈的排斥。在儒家文化的影响下，家族文化内部有着强烈且一致的意识形态规则，

家族文化的复兴与重构
——以油菜坡苏系家族文化建设为个案

它抗拒一切变化和改变,因此家族文化在相当长的时间里都保持着鲜明的一元化特征。文化的单一性也导致了家族成员封闭保守的思想状态。如果说文化现象的深层本质是思维或思维方式,那么,文化的单一与多元也就决定了思维方式的保守与开放。复兴后的油菜坡苏系家族意识到只有文化的转变才能带来思维方式的转变,才能将族人从封闭保守的思维中解放出来。因此油菜坡苏系家族通过消解传统家族文化的边界和规则,打破传统家族文化的单一和同质,使其更具多样性和分层化格局,来引导族人形成更加开放、多元和创新的品格。表现在家族文化中,即呈现出多元文化在空间上的多样性和时间上的共时性特征,以及由此带来的开放的思想,将原本封闭而沉寂的家族文化氛围逐渐推向自由与活跃。

清明大会是油菜坡苏系家族文化的重要载体,也是油菜坡苏系家族最重要、最隆重的文化活动。家族文化的多元性与开放性,在清明大会活动当天也得到了完整的体现。首先表现为祭祖文化由重视祭祀亡者走向更加维护生者。传统家族的祭祖活动,遵循的是儒家的宗旨,在于对礼节的过分执着而表现出烦琐、教条的倾向。在祭祀当天,族人们身着同样的深色衣服,神情凝重地完成各项仪式。面对逝去的祖先和亲人,人们在坟前痛哭流涕,以表示对亲人的缅怀和思念。整个祭祖过程显得过于悲伤、庄重、沉闷、单调。在重启后的祭祖环节,油菜坡苏系家族舍弃了多余的繁文缛节,不再一味地悲伤、痛苦,而是在祭祀先祖的基础上,更多的展现出对生者的重视,对家族未来的展望,以及对族人向上精神的培育。例如油菜坡苏系家族议事会会长苏安发先生在首届家族祭祖活动的致辞环节，在对祖先创业之艰辛进行追溯后，对当下族人丰富、鲜活、具体、多彩的生活进行了描述，并对美好的家族愿景进行了展望。苏会长讲道："而今，油菜坡苏系家族后裔多散居店垭、马良、保康城关等地。近三四十年来，更有因上学读书、当兵招工参加工作而定居武汉、宜昌、襄阳、广东等地，以及留学居美国者。苏氏家族人丁兴盛，家业昌隆，硕士博士，人才辈出，作家学者，成就斐然，仕农工商，多有建树，皆赖祖上之隆德。""另借祭祖之机，宣布苏系家族家训及族规，请各位族胞谨记。"[1]当下的祭祖活动，更多的传递出积极向上、充满希望的观念和思想。使族人转换思维，在祭祀亡者的同时更加注重对生者的呵护和维系，使对祖先的祭奠不只表现为"慎终追远"，还表现为以现世之努力回报祖先之恩情，以现世之感恩推动家族之未来。

其次，清明大会中的文艺表演也打破了历史时期多以悲剧为主题的文化传统，使作品主题更加丰富，形式更加多样，内容更加充实。每年清明大会的文娱表演环节，既有专业演员带来的时尚表演，也有蹩脚的家族成员自编自导自演的业余节目；既有阳春白雪的高雅佳作，也有草根民众的通俗文化；既有紧跟时代的潮流作品，也有极接地气的本土艺术；既有内涵深刻的悲剧，也有让人心情舒畅的喜剧。在同一个舞台

---

[1] 摘自油菜坡苏系家族议事会会长苏安发先生在2012年度家族祭祖仪式上的致辞。

上，外地歌舞团和民间艺术家同台演出，同台竞技，相互交流，相互对话。这种丰富而多元的艺术现象在一元文化为主导的传统时期，是不可想象的。"反观《礼记》中的儒家礼俗，是肃穆有余，活泼不足，有时候甚至给人的印象是儒家与欢快有仇。儒家对燕饮、诗乐倒是重视的，不过仍然庄重过头，看看《诗经》中保留的风雅颂就知道了，都是板起面孔教训人的，即使有几首窈窕淑女君子好逑的民歌，也是被做了无趣味的曲解。"[1] 新时期油菜坡苏系家族活动中的节目，由标准走向个性，由单一走向分化，由传统走向现代，贴近百姓、贴近家族、贴近生活，使不同年龄、不同层次、不同阶层、不同喜好的族人都能在其中找到喜好的文娱方式，同时也能走出喜好的局限，欣赏文化的多元性、差异性和丰富性。人们在尽情享受多彩的节目表演的同时，还能在狂欢的氛围中带来情绪的释放、压力的宣泄和心情的愉悦。

第三，油菜坡苏系家族还丰富了每年清明大会的主题，使家族成员在清明节这个阖族共聚的日子，不仅能享受清明文化，还能认知、感悟和追寻摄影文化、农耕文化、书法文化的精髓。2017年油菜坡苏系家族在举办清明大会的同时，也在家族文化广场上展出了当地有名的民间摄影家李秀林先生为油菜坡拍摄的专题照片。李秀林，笔名青河，是保康县知名的摄影家，他拍摄的照片多次在国家摄影大赛中获奖。他的作品曾被评价为"是大众的聚焦，是平民的光圈。在他

---

[1] 胥志强：《小说家如何制礼作乐》，文学教育（下），2020年第3期。

的光影中有熟识的面孔，有生疏的身影。从他的光影中能找到我们自己，找到家的方向；从他的图片中抽一根丝线，一头牵着故乡，一头牵着远方；从他的照片里我们看得见生活，看得见忙碌，看得见期盼，看得见等待，看得见真情，看得见牵绊，也看得见寻常百姓家不寻常日子。"[1]在2017年油菜坡苏系家族文化广场落成之际，苏系家族邀请李秀林先生为族人拍摄了一组人物照片，将苏系家族中美好、温暖、和谐、有爱的画面以影像的形式予以定格保存。这些照片被张贴在文化广场的宣传橱窗中。李秀林还为每幅照片命名，如《养儿防老》《粗中有细》《心系娘家》《上阵父子兵》《孝顺儿媳》《荣誉至上》《富得宽正》《父子情深》，等等。族人们一边欣赏着这些作品，体会作品背后的深意，一边在李秀林先生的介绍下，感受摄影艺术的魅力，学习摄影知识。

2018年，油菜坡苏系家族将位于油菜坡上的老宅进行了改造，打造了一面极具纪念意义的"油菜坡农耕文化墙"。墙上挂满了一百多种农耕时代的用具，都是苏系族人曾经使用过而现在已不多见的古董"老物件"。在左面的墙上挂有草鞋、斗笠、蓑衣、簸箕、蒸笼、脚背篓、锯子、扁桶、鱼篓、铜壶、饭甑子、牛兜嘴、石磨、耙子、广盆、酒壶、油壶、夜壶、斗、老木工手工钻子、拔糖用具等，右面墙上挂着花背篓、砧板、改锯、吊锅、舂米器、背架子、托盘、吊钩、打墙的杵子、茶壶、油桶、锣鼓等。从悬挂着实木牌匾的大门口走

---

[1] 云万敏：《李秀林及其摄影》，《文学教育》（下），2017年第2期。

家族文化的复兴与重构
——以油菜坡苏系家族文化建设为个案

进来,一层层土窑烧就的青瓦,一块块大小不一的石头垒做的石墙,以及墙上悬挂的古老的农具,处处洋溢着原生态的农耕文化的气息。在现代化农业设备大量普及的今天,传统农耕用具逐渐远离了人们的生活,但传承千年的农耕文化仍然是中华民族最宝贵的精神财富。油菜坡苏系家族动员全体家族成员打造的"油菜坡农耕文化墙",在"留住乡愁"的同时,也"留住了自己的根""自己的精神家园"。

图4.1 油菜坡苏系家族打造的"油菜坡农耕文化墙"[①]

2021年,油菜坡苏系家族在举办清明大会的同时还举办了清明诗词书法展。在大会开始的时候,油菜坡苏系家族负责人就指出了此举的目的:"美好的图景不仅只是草木返青,而且必须有文化繁荣。清明,也不只是简单的扫墓祭祖,更

---

① 图 4.1:油菜坡苏系家族打造的"油菜坡农耕文化墙"。照片由保康县民间摄影家李秀林拍摄。

第四章　家族文化内涵的嬗变

重要的应该是传承文化。我们认为，传承优秀民族文化乃实现中华民族伟大复兴之关键所在。民族复兴，匹夫有责。为此，我们油菜坡苏系家族议事会决定在今年的清明期间同时举办清明诗词书法展，希望以这种特殊方式弘扬清明文化。"①油菜坡苏系家族邀请了陈永高先生、胡启斌先生、李明义先生、詹孟海先生和孟娟女士五位书法家，并将他们的书法作品在文化广场上展出，在弘扬清明文化的同时，也让家族成员感受到书法文化和诗词文化的魅力。

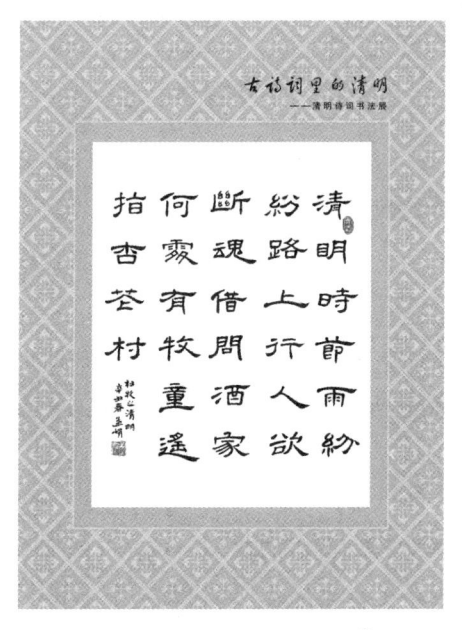

图4.2　孟娟女士的书法作品②

① 摘自《油菜坡苏系家族2020年度清明大会流程》。
② 图4.2：2021年油菜坡苏系家族清明大会中展出的孟娟女士的书法作品。

新时期油菜坡苏系家族所重构的家族文化，表现出了从一元到多元的变迁。在当下的家族文化中，既有在长期历史发展中积淀下来的优秀传统文化，又有许多顺应时代发展变化的新的文化。多元文化的交流融合，形成了自由开放的文化氛围。在这种氛围下，家族文化的活力被大大增强，家族成员的视野被不断打开，许多新思想、新观念、新想法不断产生，既丰富了油菜坡苏系家族的精神生活，又培育了苏系族人开放的思维习惯，共同推动着油菜坡苏系家族的现代化发展。

三、从保守走向创新

传统家族文化从本质上来说是一种"家庭文化"或"圈子文化"。它具有清晰的族群边界，排斥外部事物的干预和侵入，具有极强的封闭性和保守性。造成家族文化封闭性的因素有多种，简单来说，血缘与地缘的高度重合使传统时期聚族而居的家族在地理空间上拥有相对的独立性，农耕为主的产业方式提供给家族自给自足的安全感，血统的排外性保证了家族的纯正与延续。在长期稳定和平衡的社会环境中，家族内部逐渐形成了一套封闭且系统的文化体系。这套文化体系禁锢了族人的思维，使他们的想象力枯竭，创新能力萎缩，千人一面的重复按部就班的日常。复兴后的油菜坡苏系家族以重构家族文化为首要目标，也以传承家族文化为重要任务。家族文化的当代复兴，并非传统的翻版，文化的继承、重构、发展、传播都包含着创新的意义，可以说，文化复兴的实质就在于文化创新。"人是文化的存在"，"文化如同生命内里的

第四章　家族文化内涵的嬗变

血管系统，而血管里流淌的是主观精神的血"[1]，苏系族人作为家族文化的创造者、传承者和继承者，只有他们思想开放、观念创新，善于发现并易于接受新事物，才能推动家族文化不断突破旧有的思维定式和常规戒律，不断更新发展。反过来，文化的发展创新又会进一步促进人的思维创新，这是文化创新的根本目的，也是检验文化创新的关键所在。

复兴后的油菜坡苏系家族一是将培育族人的创新精神写进了家族的族规和族歌之中，还在清明大会中多次强调创新的重要性。族歌唱道："第八我们必须要创新，思想守旧啥也干不成，开拓进取跟上新时代，共同创造美好的光景。"报告写道："既要继承，又要创新。只有这样，我们才会不断进步。"[2] 思想的创新来自对时代问题的回应，对时代机遇的把握，对时代观点的消化。大部分油菜坡苏系族人长期定居于油菜坡附近的村庄，少有外出的机会，也很难接触外界的新鲜事物和开放的思想观念。面对家族内部难以"走出去"的族人，油菜坡苏系家族实施了"请进来"策略。一是联合望粮山村委会开展"教授下村季度讲堂"活动，邀请大学教授、省政府参事举办专家讲座，针对疫后重振、乡村治理等贴近百姓生活且村民们感兴趣的话题进行演讲。2019年"教授下村季度讲堂"活动一共组织了春夏秋冬四次专家讲座，讲座分别以《女性在和谐乡村建设中的作用》《家风建设与乡村振

---

[1]　[德]M·兰德曼：《哲学人类学》，阎嘉译，贵阳：贵州人民出版社，2006年。

[2]　摘自《油菜坡苏系家族2013年度情况报告》。

家族文化的复兴与重构
——以油菜坡苏系家族文化建设为个案

兴》《美丽乡村要唱响动人歌声》,以及《茶文化和茶产业》为题展开。四位教授从专业的角度,向油菜坡百姓传授现代的性别观念,讲解家风建设所需要具有的时代意识、辩证意识和审美意识,讲授现代的农业新技术、新知识,使当地百姓既增长了知识,又开阔了眼界,还提升了解决实际生产生活问题的能力。例如在"教授下村季度讲堂"第四讲《茶文化和茶产业》讲座中,邵则遂教授结合当地的茶产业,为当地茶农提出了若干条做大做强优势特色茶产业的建议,包括打造茶品牌、拓展茶市场、提升茶工艺和彰显茶文化等多个方面。除此之外,邵则遂教授还紧密联系当下火热的"云"销售的内容,建议茶农充分利用各大新媒体平台、网络平台,拓宽渠道,增加销售,积极创收,以减少疫情带来的不利影响。油菜坡苏系家族为族人搭建了与专家对话交流的平台,在与专家的对话交流中,苏系族人逐渐打开了原本固守的理念,跳出了传统思维,以更加开放、现代、创新的眼光来审视和应对当前的生产生活。

二是将每年的清明大会打造为文化交流的开放平台。传统清明大会是家族内部较为私密和封闭的活动,它禁止外人参加,也排斥外来事务的干预。重启后的清明大会成为油菜坡苏系家族与社会接通的渠道。在每年的清明大会上,油菜坡苏系家族均会邀请政府人员、当地的能工巧匠、乡邻、朋友参加。他们的到来一方面使苏系家族走出传统的围墙,不再拘泥于家族的内部边界而"闭门开会"。外来嘉宾的发言也为苏系族人建设家族文化提供了不同的思路和经验。例如天星陈氏家族、马桥陈氏家族、两峪吕氏家族、店垭王氏家族、黄坪尚氏家族等家族代表都曾参加过油菜坡苏系家族的清明大会，大家在大会上相互交流家族文化复兴与发展的经验和路径，互相补充，互相促进，互相提高。另一方面，邀请外来嘉宾参加清明大会，也为宣传油菜坡苏系家族文化提供了难得的机会。苏系家族邀请的外来嘉宾中有些是当地小有名气的散文家、摄影家，他们将参加清明大会的真实感受写成了散文、诗歌，拍摄成照片、影像，上传于微信、微博等网络平台，将油菜坡苏系家族文化传播至全国各地。不管是鼓励还是批评，网友在网络上的不同反馈也为油菜坡苏系家族创新家族文化、丰富家族文化提供了可资借鉴的建议。

在与外界达成畅通的沟通渠道的同时，油菜坡苏系家族还鼓励族人积极走出传统，吸取外来经验，创新发展思路。首先，油菜坡苏系家族号召大家利用现代新媒体技术进行信息的传播与接收。传统的信息传播和接收方式包括个人与个人之间面对面的人际传播，以及家庭内部、田间地头、街头巷尾的群体传播。这种传播和接收方式具有明显的滞后性、被动性和局限性。微信、微博、QQ等新媒体的使用，使信息的接收、传递和分享变得更加方便、及时和高效。油菜坡苏系家族建立了家族微信群，将族人拉进群聊。微信群的使用，使即时的信息交流代替了以往的口耳相传，人们在群里分享时事新闻、国家政策，分享发家致富的信息与平台，交流创业的经验与经历。群内家族成员的信息共振，更利于促进思维转换和认知解放。

其次，油菜坡苏系家族还引导族人打开视野，创新思路，将个人所长转化为商机，并积极利用网络平台提高经济收益。例如家住油菜坡的苏顺良先生，几十年来坚持用传统工艺熬麦芽糖，在当地小有名气。但是由于油菜坡地处山坡，路陡难走，交通不便，信息不畅，他的麦芽糖始终没有打开销路。2018年，在家族的引导帮助下，苏顺良将其熬制的麦芽糖包装成家族文化产品，成立并注册了良心糖坊，并依靠家族文化的影响力，吸引了保康电视台、襄阳日报、襄阳晚报等多家媒体的关注报道。从此，苏顺良的麦芽糖便走出了油菜坡，走向了全国各地，产生了广泛的社会影响。为了方便天南海北的顾客购买，油菜坡苏系家族又引导苏顺良适时地开通了网店，推出了线上销售渠道，使顾客足不出户就能买到良心糖坊的糖。在借鉴良心糖坊的营销经验中，油菜坡苏系家族又帮助族人打造了"兰艳包"和黑脑壳叶懒豆腐两个家族饮食品牌，启发族人不断创新思路，寻求致富商机。

三是为了鼓励族人打开视野、开拓进取，使家族中涌现更多的新事物，油菜坡苏系家族从不吝啬言语，对具有创新精神的族人和家族中出现的新鲜事物都会在公开场合进行宣传。例如大竹园苏万成支系的十多位宏字辈后人，在苏红武和苏红敏两人的倡议下，曾经连续三年，每年正月初三晚上聚在一起，回顾过去一年的收获、展望新的一年的打算，共谋发展、共同进步。对于家族中出现的这一新鲜事物，油菜坡苏系家族议事会副会长苏顺恭曾在2016年清明大会中对他们的做法公开表示了肯定和表扬，并且号召家族的其他支系都向他

第四章　家族文化内涵的嬗变

们学习和借鉴。苏顺恭副会长讲道："在此，我代表家族议事会对你们的做法表示肯定和表扬，你们的精神完全可以在整个家族中推广！我也祝愿油菜坡苏系家族宏字辈快快成长，愿你们火红的青春在地球村这片肥沃的热土上越烧越旺！"[1]

宏字辈是油菜坡苏系家族中比较年轻的一代人，他们大都读过书，有文化，接受了更多的新事物。相比于他们的上一辈或老一辈来说，他们具有更加宽阔的胸怀，和更加长远的目光，是家族文化创新与发展的主要力量。对此，油菜坡苏系家族转变了传统家族文化中唯权力论和唯辈分论的局限，充分发挥了新生力量的巨大作用，促使他们在家族文化发展中做出应有的贡献。例如黄坪的苏红波、苏红鸣、苏红荣、苏红英、苏红芳这群年轻人，他们属于堂兄弟或堂姊妹。他们的父辈之间，曾因为一些鸡毛蒜皮的小事，在日积月累间积攒了许多矛盾，多年来一直心有嫌隙、唇齿不和。油菜坡苏系家族引导这群年轻人，转换传统家族中以家族权威来化解矛盾冲突的方式，而利用他们自身的所学，转换思路、创新方式，以晚辈和小辈的身份对父辈们动之以情晓之以理地进行劝说，最终将父辈之间的矛盾予以化解，使几代老少重回和睦团结的状态。又比如宏字辈的苏红雨女士，一直在思考家族物质文化传承方式的创新路径，并为家族设计了标志性logo和纪念品，使油菜坡苏系家族文化更具辨识度和特征，更易于识别和传播。

---

[1] 摘自《油菜坡苏系家族2015年度情况报告》。

第三节　构筑家族文化的多维空间

传统家族文化,是在长期的历史发展演变中形成的以血缘关系认同为标志的文化体系。为了维持家族内部的长久稳定,家族文化衍生出一套完整而严格的体制、行为、观念和心态,以此来确立家族文化唯一而核心的文化地位。它强调清晰的边界,闭环的管理,自治的系统,对一切外来的、新鲜的、发展着的文化都保持着排斥和拒绝的态度。既阻止外界的加入,也抗拒向外界延伸。单一的文化向度,使家族文化在面对新时期多元文化的冲击下,呈现出老旧、陈腐、落后的颓势。传统家族文化所维护的保守自闭的结构模式和氏族家庭的狭隘观念又同当下开放多元的文化生态环境和族人丰富的现实需求处于强烈的矛盾之中。新时期复兴的油菜坡苏系家族不断寻求家族文化发展的新方向,将家族文化与地域文化、外来文化、主流文化贯通起来,通过多域借鉴来构建和深化家族文化的多维空间。在与多元文化的交流互动中,实现家族文化与现代思维的对话,与理性精神的接轨,从而使家族文化的内涵更加丰富饱满,使家族文化的生命力更加旺盛郁勃。

一、家族文化与地域文化的合流

地域文化指的是存在于一定地域范围内的文化传统。在长期的历史发展中,地域文化逐渐形成了独具特色且迥异于其他地域空间的文化形态。家族文化与地域文化关系密切,

第四章 家族文化内涵的嬗变

因为任何文化的形成与发展都无法与其所处的地域空间相分离，正所谓"地理环境是最核心的历史知识，也是最深入的内层历史"[1]，任何一个民族的文化只能理解为历史的产物，其特性决定于各民族的社会环境和地理环境[2]。从这个意义上来说，家族是地域文化语境中的家族，家族文化也是地域文化语境中的家族文化。因此，家族文化具有鲜明的地域指向。这种地域指向正是家族文化与其他地域的家族文化相区别、相比较的依据，也是表征着家族文化的地域精神的原生符号。家族文化的建设离不开地域文化，地域文化的发展也同样离不开家族文化。家族文化并非地域文化的被动接受者，它同样也在积极地影响、靠拢并"创造"地域文化，展示出家族文化的活力与智慧。复兴后的油菜坡苏系家族在重构家族文化的过程中，也有意识地将家族文化与地域文化融合交流。在他们看来家族文化"往小处看，是清明文化，是地域文化"。两者的合流，一方面可以将家族文化中所具有的地域因素不断放大，凸显油菜坡苏系家族文化的地域精神特质，并形成区别于其他地域家族文化的突出标志。另一方面，家族文化的融入也能够促进人们的情感归属和文化认同，使地域文化成为"记得住的乡愁"和"守得住的根脉"，成为人们"诗意的栖居"。

---

[1] 熊月之、熊秉真主编：《明清以来江南社会与文化论集》，上海：上海社会科学院出版社，2004年。
[2] ［美］弗朗兹·博厄斯：《原始艺术》，金辉译，上海：上海文艺出版社，1989年。

家族文化的复兴与重构
——以油菜坡苏系家族文化建设为个案

油菜坡苏系家族文化与地域文化的合流首先体现为以地域文化来构建家族文化。传统家族文化是一套由族长、精英为主导建构的话语系统,他们崇尚阳春白雪而蔑视草根世俗,家族文化也表现得文雅而抽象。复兴后的油菜坡苏系家族完全与之相反,无论是从群众中推举出的民间代言人、族歌、族规等文化表征,还是家族活动的形式、语言,都是真正从地域出发从百姓出发。所以每年的清明大会都是由操着一口浓重乡音的议事会成员站在讲台宣读报告,他们作报告会先用方言攒一个四句子:"油菜花儿开,族人都很乖。清明来祭祖,上正下不歪。"① 他们谈问题会方言土语并用、一针见血:"有些人甚至龇牙露齿,咬牙切齿,说话恶狠狠,摆大男子主义,耍武码长腔,抓住一丁点儿道理不放,自以为是,老子天下第一,大讲特讲,完全不顾别人的感受。""生怕别人讨了一分钱的好,生怕自己吃了半分钱的亏。"② "亲戚只望亲戚有,弟兄只望弟兄无。"③ 方言土语,灵动鲜活,极具生活色彩。不仅作报告的人如鱼得水、言之有物,听报告的人也能听得真切、真实受益。同样的,族规族歌也没有装腔作势、故弄玄虚。族规写道:"要孝顺,不要无义。要和睦,不要矛盾。要勤劳,不要懒惰。要善良,不要恶毒。要诚实,不要说谎。要明白,不要糊涂。要上进,不要落后。要开放,不要保守。"为了简单明了、方便执行,族规中的"八要八不要"用语通

---

① 摘自《油菜坡苏系家族2013年度情况报告》。
② 摘自《油菜坡苏系家族2015年度情况报告》。
③ 摘自《油菜坡苏系家族2020年度情况报告》。

俗易懂，甚至还有"无义""说赊"这种当地土话。从地域出发的文化建构，不仅更加贴近民间立场和百姓需求，还使家族文化中乡土化的象征意义逐渐凸显，而与地域文化互感互通，脉息相连。

其次，油菜坡苏系家族文化与地域文化的合流还体现为油菜坡苏系家族对地域文化的重视与推广。油菜坡苏系家族多次在公开场合强调地域文化的重要性，并引导族人正确认识和处理本土文化与外来文化的关系。例如在2018年清明大会中，油菜坡苏系家族议事会副会长苏顺敏先生就曾针对这一问题进行了深入的分析，他指出："本土文化，指的是存在于我们这片土地上的文化形态。本土文化深沉厚重，丰富多彩，魅力无穷。就拿饮食来说吧，从文化的角度来看，我们这个地方极富特色的食品很多，比如腊蹄子火锅，比如铡胡椒蒸肉，比如霉渣汤，比如懒豆腐，还比如工艺十分复杂而独特的灌肠。这些魅力食品，浸润着本地人的匠心与智慧。外来文化，指的是本土以外的文化形态。随着社会的开放、人员的流动和交通的发达，外来文化对本土的影响和渗透日益明显。还是以饮食为例吧，现在本地的大小店铺都有火腿肠卖，又便宜又方便，所以其迅速地走进了百姓家。如今在农家的饭桌上，我们再难吃到从前那种色香味俱全的灌肠了，取而代之的是索然无味的火腿肠。这说明一个问题，外来的饮食文化已经挤压了我们本土的饮食文化。因此，我在这里要大声呼吁，请大家正确认识和处理好本土文化和外来文化

家族文化的复兴与重构
——以油菜坡苏系家族文化建设为个案

的关系,千万不要丢掉了我们赖以生存和发展的文化特色。"①面对丰富多彩的本土文化逐渐被外来文化挤压的困境,油菜坡苏系家族不仅指出了本地饮食文化的魅力,还号召族人在接纳外来事物的同时也要守住本土文化,因为本土文化才是家族文化和家族成员赖以生存的根本。油菜坡苏系家族不仅在清明大会中热情推荐本地的腊蹄子火锅、铡胡椒蒸肉、霉渣汤、懒豆腐、灌肠等本土食物,将它们制作成美食供大家品尝,还极力挖掘极具本土特色的食品,将其打造成家族饮食文化品牌,使其在家族文化的影响下,走出油菜坡,走向全国各地。例如2018年,油菜坡苏系家族帮助擅长熬制油菜坡名小吃——麦芽糖的苏顺良先生成立并注册了"良心糖坊",并借助苏系家族清明大会及网络媒体使其声名远播,顾客遍布神州大地。2021年,油菜坡苏系家族又相继推出了"兰艳包"、黑脑壳叶懒豆腐两种家乡小吃,试图在借鉴良心糖坊的经验中,使这两种"土特产"也能成为兼具地域精神和经济效益的家族文化品牌。

　　油菜坡苏系家族文化与本土文化的合流,还表现在油菜坡苏系家族对本土文化的发掘、打捞、重视、推荐、传播与展示。每年的油菜坡苏系家族清明大会都是一场家族文化与地域文化集中展演的盛宴,从门口迎宾的腰鼓队,身着统一服饰的喇叭班子,到当地的民间艺术团队,处处洋溢着地域的精神和气息。在历届的清明大会中,在场的观众欣赏了本

---

① 摘自《油菜坡苏系家族2017年度情况报告》。

土花鼓戏《吴大拜年》《欢聚一堂》《采莲船》《薅草锣鼓》《打个花鼓唱会长》，本土吹打乐《火炮喇叭迎宾曲》，本土民俗文化小品《敲锣打鼓闹春耕》《闺女回娘家》《老汉背妻》，本土民歌《闹五更》《耕牛闹春》《双探妹》，本土艺术家快板书《喝茶》，本土表演唱《儿子儿媳唱母亲》，本土三句半《谝谝老表谢尚臣》《店垭有个宗权叔》《六个辽搞家》等。此外，油菜坡苏系家族还将国家级非物质文化遗产"沮水巫音"，当地非物质文化遗产锣鼓队，以及经典古典汉服舞蹈《九歌》等融入进来，借助清明大会这个平台，向在场族人及宾客展现地域文化的魅力与风采。随着油菜坡苏系家族对地域文化的重视和推广宣传，苏系家族内部也涌现出一批群众演员，他们用自己的热情和才华，利用花鼓戏、三句半、相声、表演唱、顺口溜、小品等本土艺术形式，自编、自导、自演了多个本土原创作品，既感染了观众、教育了族人，又推广了家族文化和地域精神。

油菜坡苏系家族文化与地域文化的交织、融通，使油菜坡苏系家族文化在传承与实践中，不仅满足了苏系族人的精神需求，这些由家族文化发酵出来且被社会认可的观念也被放大成当地的社会文化，成为构建地域文化的新内容。从这个意义上讲，油菜坡苏系家族文化突破了家族边界和地域范畴，不仅是苏系族人的家族文化，也是当地百姓的地域文化。可以说，油菜坡苏系家族以清明大会为轴心，不仅强化了家族内部的向心力和凝聚力，也由家及乡地强化了与乡邻、村镇、县域的地域文化认同。这种家族文化与地域文化的合流还为油菜坡所属的望粮山村带来了影响力，襄阳日报曾以"保康望粮山村：小康之路越走越宽"为题报道了油菜坡苏系家族文化对当地文化的影响。当地社会对油菜坡苏系家族文化的认同和肯定，反过来又进一步强化了油菜坡苏系家族的家族意识。

二、家族文化与外来文化的互动

对于一个家族来说，外来文化是相对于本家族文化而言的，指的是其他家族或地域的文化。在长期的历史发展中，家族文化形成了相对稳定的结构模式。并且，为了维护这种稳定的结构模式，守护家族的边界，传统家族文化不仅排斥外人，更排斥一切外来文化，它同所有异姓和异质的文化处于极端的对抗之中，使其自身陷入封闭、保守和排他的状态。家族文化也因此被称为"血缘团体文化"而遭到批判和抨击。新时期复兴的油菜坡苏系家族清醒地认识到外来文化对发展家族文化的重要性。他们打破了传统家族文化封闭的结构模式，不再将外来文化视作具有入侵和破坏性质的"他者"，也不再以守护本家族传统的形式拒绝一切外来文化，而是以开放、理性、接纳、借鉴、吸收的态度积极与外来文化交流互动，通过对外来文化和外界信息的接收，实现与现代思维的对话，完成家族文化的现代转型和当代重构。

油菜坡苏系家族文化与外来文化的互动主要以家族清明大会为媒介。据统计，每年参加油菜坡苏系家族清明大会的成员中有百分之八十是家族成员，剩下的百分之二十均为油菜坡苏系家族邀请的外来嘉宾，他们包括当地的政府人员，特邀嘉宾，民间文化爱好者，其他家族的代表，周边的乡邻，族人的亲朋好友，以及当天的演艺人员。他们的到来，使油菜坡苏系家族文化走出了固守的堡垒，而与社会连通，与外界对话。

在历年的清明大会上，油菜坡苏系家族会专门邀请现场的嘉宾上台讲话。他们有的为油菜坡苏系家族文化建设带来了国家的方针政策；有的从民俗文化的角度切入苏系家族清明大会，并对如何展示和满足民众最真实的生活状态与精神世界提出专业的建议；有的从地域文化、民族精神的角度出发，对保护当地民俗文化的多样性、生态性和独特性进行了探讨；有的将油菜坡苏系家族文化与民俗文化和乡村振兴相关联，并全方位、多角度、深层次地探讨三者之间的关系，引导苏系家族充分发挥家族文化在当前乡村振兴中的助推作用；有的表达了油菜坡苏系家族文化建设对乡村和谐、文明乡风的正面影响，并从他们个人角度提出了完善和改进的建议。华中师范大学的陈建宪教授还代表其所在大学的非物质文化遗产研究中心为油菜坡苏系家族授予"华中师范大学鄂西北家族文化调研基地"的牌匾，此举极大地激励了油菜坡苏系家族在家族文化建设方面继续探索和努力的热情，并且在陈建宪教授的启示下，油菜坡苏系家族更加注重家族文化对地域文化的保护和传承，以及与乡村振兴的互动。在外来嘉宾的指导和启发下，油菜坡苏系家族不断接收到外界积极有效的信息，并以现代的思维方式和理论知识丰富家族文化内涵，找到适应社会发展的文化契机。

家族文化的复兴与重构
——以油菜坡苏系家族文化建设为个案

在家族议事会对上一年度家族情况进行汇报后,油菜坡苏系家族还会邀请在场嘉宾对家族报告进行点评。不同阶层、不同文化水平、不同职业、不同家族、不同年龄阶段的嘉宾对油菜坡苏系家族年度报告的点评,让苏系家族听到了外界不同的声音,感受到不同于本地文化的风俗习惯、思维方式和文化性格。这些嘉宾的点评,无论是由衷的赞誉,还是真诚的批评,油菜坡苏系家族都虚心接受,并将之作为继续发扬或改进的重点。例如华中师范大学非物质文化遗产研究中心的孙正国教授在听完油菜坡苏系家族 2017 年家族报告后点评指出:油菜坡苏系家族报告"是体现乡村文化生活的幸福报告,是反映家族文化振兴的经典报告",并进一步将油菜坡苏系家族活动的经验总结为三点:一是形成了"同心同德,同根同脉"的家族文化观念;二是形成了以苏顺刚教授为代表的家族精英群体,这个群体让苏系家族更具凝聚力、向心力、创造力;三是形成了以店垭镇地方政府和家族文化传统相结合的中国文化传承和乡村振兴计划的经验模式[1]。保康吕氏宗族理事会会长吕楚刚先生,天星陈氏家族代表陈永高先生也曾在清明大会上对苏系家族报告进行点评。他们的点评不仅是对油菜坡苏系家族文化建设经验的总结,也将其所在家族的文化建设的经验进行现场分享,在与油菜坡苏系家族的交流互动中,彼此借鉴、相互补充、共同发展。

在清明大会的节目表演环节,油菜坡苏系家族不仅会为

---

[1] 摘自孙正国教授在"油菜坡苏系家族 2018 年清明大会暨首届文化传承与乡村振兴"民间论坛上的讲话。

在场族人和嘉宾带来由苏系族人自编自导自演的本土节目，还会邀请在场嘉宾登台表演。这些表演中，有来自专业演员的表演，例如由店垭畅想艺术团表演的《敲锣打鼓闹春耕》《中华是个大家庭》《三个媳妇》等，由歌唱家袁渊带来的女声独唱《好日子》《美丽心情》，由歌手张燕小姐一个人表演的男女对唱《天籁之爱》，由歌手燕阳天小姐带来的《一壶老酒》《夫妻双双把家还》等节目。还有由业余爱好者带来的表演，如由新疆籍美女果海尔带来的新疆维吾尔族舞蹈《心愿》，陈琳女士带来的西藏舞蹈《卓玛泉》，由罗琼女士演唱的京剧《梨花颂》，高明英小姐带来的诗朗诵《又是一年清明节》，孟娟女士表演的舞蹈《我和我的祖国》，记者胡春东先生献上的《过三关》，李琰朗诵的散文《检讨书》等。此外，还有著名诗人邹建军教授现场即兴赋诗，由知名书法家陈永高先生即兴泼墨挥毫的书法秀，等等。这些使清明大会当天的舞台上，本土文化和外来文化同台表演，草根节目和高雅艺术彼此对话，业余表演和专业节目平等交流，不仅为大家带来了一场视觉盛宴，更帮助族人开阔了眼界，增长了见识，打开了格局，收获了快乐。

三、家族文化与主流文化的交融

传统家族文化因其服务于封建宗法社会的特性，导致在中华人民共和国成立后的相当长一段时间里，国家主流话语对其充斥着成见。政治上的成见为家族文化研究奠定了革命话语的基调，也促使学术界对家族文化的研究带上了标签化的偏向，认为家族文化是具有宗法性、反动性、落后性和排他性的文化，是制约国家发展和社会进步的血缘小团体文化，并对其进行了猛烈的批判和抨击。事实上，传统家族文化是忠孝文化，对国家的忠诚始终被放在家族文化的首位。而家族群体又是形成中华民族大一统局面的基础群体，从这一层面上来讲，传统家族文化与国家主流文化有着内在的一致性，家族文化是维护国家大一统局面的文化基础。新时期复兴的油菜坡苏系家族文化仍然延续着家族与国家的基本关系，保持着对国家的高度认同和持续维护，表现在文化上，即家族文化与主流文化的积极交会和融合。这种交融性，促使油菜坡苏系家族文化突破了家族的范围，使之不仅成为家族共同体的群体信念，也是与国家保持一致的社会观念。

油菜坡苏系家族将这种与主流文化相一致的交融写进了族谱之中，他们认为："一年一度的清明大会不光是一项家族活动，同时还是一种家族文化。这种家族文化，往小处看，是清明文化，是地域文化；往大处看，也可以说是传统文化，是民族文化。从这个角度来讲，我们每年举行清明大会，实际上是在从事一种文化建设，甚至可以说是在传承和弘扬中华民族的传统文化。这么说来，我们越发感到我们家族的清明大会意义深远，它不仅有利于我们家族，而且有利于我们的民族和国家。""清明文化和家族文化，无疑也是中国文化的重要组成部分。所以，我们传承与弘扬清明文化和家族文化，实际上也体现了一种文化自信。"油菜坡苏系家族将他们所进行的家族文化建设视为对中华民族传统文化的弘扬和传承,并试图将家族文化融入当下的主流文化之中,以主流文化所传递的价值导向影响家族成员树立正确的价值观,并以此来指导新时期家风、族风建设。

油菜坡苏系家族将家族文化融于主流文化之中的首要表现就是认同国家的意识形态及价值导向,并以国家主流文化所倡导的当代观念来培育族人的价值观,即以社会主义核心价值观为导向帮助族人树立正确的价值观,培养健全的人格。虽然油菜坡苏系家族并未将其所重构的价值观念予以成文成规,但是家族的族规、族训、族歌、家族报告和文化活动等方方面面都体现着社会主义核心价值观的导向。表现为:第一,以社会主义核心价值观为导向开展家族活动。油菜坡苏系家族常年致力于养老助老活动,不仅对七十岁以上的老人给予年节的慰问、送去节日的礼品,家族议事会也会组织人员在平常时间轮流看望老人,关心他们的饮食起居,还会为老人的寿宴坐席,为临终的老人送葬,为孤苦的老人送去温暖,将敬老尊老文化温情传递。此外,坚持数十年的清明祭祖活动,是对孝道亲情的弘扬坚守;恢复团年饭的传统,是对和谐人际关系的鼓励;扶贫助困活动,是对互助友善精神的践行。第二,以社会主义核心价值观来衡量个人道德品行,来评判是非善恶。家族报告将全体族人应该共同遵守的道德规范细化,对可为与不可为进行明确界定。例如历年家族报告中表扬的代父行孝的苏顺美,发财不忘亲人的苏天鑫、刘文灿,热心家族、乐于奉献的苏安发、苏顺恭,帮扶家人的苏顺珍、苏红雨、苏顺丽,遵纪守法、诚信经商的苏红鹏、

家族文化的复兴与重构
——以油菜坡苏系家族文化建设为个案

陈晓,积极脱贫致富的苏天金等都是"可为"的表率。家族报告也会对没有羞耻心、没有良心、没有爱心,缺乏孝心、缺乏责任心、缺乏同情心,对家人冷若冰霜、对家族冷眼旁观、对社会冷酷无情,以及诚信差、私心重、玩兴大、礼貌少、脸皮厚、怕吃亏、重金钱等"不可为"的陋习予以坚决批评。在此基础上进行的先进人物评选活动,不仅表彰了优秀族人的先进事迹,也为家族成员的个体发展树立了导向和参照。

其次,油菜坡苏系家族文化与主流文化的融合还表现为以主流文化精神来指导新时期的家风、族风建设,并在当地形成由家及乡的社会联动,为当地的乡风文明建设注入了活力。2015年,习近平总书记在春节团拜会上对家风建设的重要性进行了强调,这不仅让油菜坡苏系家族为近几年所努力打造的"油菜坡苏系家族文化品牌"而骄傲,也更加坚定了苏系族人做好家族文化建设的决心。油菜坡苏系家族在固有的重视文化建设和文化传承的基础上,自觉地强调家风建设的重要性,并把做好家族文化建设同国家连接起来,做到与时代同步,与主流文化共振。正如他们在家族报告中所指出的:"要想整个大家族好,首先必须每个小家庭都好。"[1]而小家庭好的关键在于家风,"家风的好坏,直接关系到一个家庭乃至一个家族的兴衰、枯荣和成败。"[2]对此,油菜坡苏系家族通过多种方式、途径和时机,有效倡导并有力促进家风建设。对拥有良好家风、家庭教育的家庭也会不遗余力地宣传、推

---

[1] 摘自《油菜坡苏系家族2014年度情况报告》。
[2] 摘自《油菜坡苏系家族2020年度情况报告》。

崇和表扬，形成榜样的号召与带动力量。与此同时，油菜坡苏系家族也十分注重对与社会主义核心价值观相背离的封建、腐朽、落后的家风的批判与扬弃，比如对"子不言父之过""嫁出去的姑娘泼出去的水""亲戚只望亲戚有，弟兄只望弟兄无"等不良风气的批判，"从而让许多族胞转变了观念，解放了思想，进而在父子之间、兄弟之间、姊妹之间、亲戚之间建立起了与社会主义核心价值观更加一致的人际关系。"[1]通过坚持不懈努力，当前油菜坡苏系家族内部形成了"孝顺、和睦、勤劳、善良、诚实、明白、上进、开放"的家族风气，成为当地家风文明建设的示范榜样。

不仅如此，油菜坡苏系家族还形成了由家及乡的社会联动，带动了整个油菜坡苏系家族成员严格注重家风建设和文化传承，也带动了周围的乡邻共同注重对良好家风的塑造，对和谐乡风的构建，对文明家园的维护，为当地和谐乡村建设和文化小康建设注入了正能量、增添了新活力。"这几年来，开始是我们自己族人来祭祖，表彰先进，惩罚不良影响，有哪些表现要提出来批评。通过我们苏氏家族这个传统，搞得社会上，包括镇上、县里都觉得非常有教育意义。镇上领导都非常重视这个问题，都说一个小家、一个大家、一个家族，只要搞好了，一个国家也是兴旺发达的。从这个目的来传承我们苏氏家族传统文化。"[2]对此，店垭镇领导也坦言，他们试

---

[1] 摘自《油菜坡苏系家族2020年度情况报告》。
[2] 采访人：雷娜。受访人：苏安发，受访时间：2018年4月5日，受访地点：苏家文化广场。

图以油菜坡苏系家族为示范点，来起到一种榜样和带动作用："目前的家风，家是最小国，国是千万家，所以我觉得如果以这个为切入口带动整个农村治理，建设良好家风家训，是非常好的措施。苏会长当时也在马良，我就找到他，谈了这个想法，他跟苏顺刚一沟通，达成共识，我们把这个环境整治一下，第一开展活动非常有益，第二我们想把这儿作为一个全镇家风家训教育基地，这样既可以在望粮山村、在店垭起到示范作用，同时我们也可以进一步加大宣传力度，让它走向全县，带动整个社会风气的转化。"[1]

---

[1] 采访人：孙正国。受访人：王培涛。受访时间：2018年4月5日，受访地点：苏家文化广场。

结　语

　　本书以鄂西北油菜坡苏系家族的文化建设为中心，对其在当代的复兴历程、实践载体、文化特性及功能价值进行研究，指出油菜坡苏系家族文化的当代复兴，是家族内部力量的自发推动所为。他们的初衷是以重拾传统、返归家族来满足传统礼俗秩序崩塌后所导致的精神空虚和信仰缺失的本体性需求。在对家族文化重构的过程中，油菜坡苏系家族以族训、族规、清明大会等为载体，对家族文化进行了现代性转化和创造性提升，使之不再是传统家族文化的复制，而是有着时代内涵和现代特性的新型家族文化。经历了现代重构和变迁的油菜坡苏系家族文化，不再局限于传统的血缘边界，而是呈现出更多的扩容性、流动性、开放性和象征性文化意义，其在现代社会的功能也不再只是施之于家族范围内部，而已经扩展至范围更广的乡村和社会。当下的油菜坡苏系家族通过文化建设，不仅在家族内部逐渐形成了和谐有序、尊老爱幼、互帮互助、积极向上的家族氛围，初步实现了衣食无忧、拼搏奋进的美好家族愿景，在当地也产生了广泛的社会影响，形成了由家及村的地域联动，为当地培育文明乡风、良好家风、淳朴民风注入了内生动力，也为建设邻里守望、诚信重礼、勤俭节约的文明乡村提供了强有力的支持。在当前乡村振兴语境中,油菜坡苏系家族的文化复兴与实践,不仅展示出家族这种民间群体组织在当下乡村建设中的活力与能动性,也展现了家族文化在传承优秀传统文化、助力乡村振兴中的价值与作用。因此,在当下的乡村社会,家族文化建设具有其必要性,对家族文化的研究也就具有了理论和实践的双重意义。

首先,家族文化的当代复兴,有助于重建乡村精神传统。传统家族是血缘与地缘关系高度重合的群体组织,家族文化与村落文化也有着高度的一致性。村落家族文化以内生的力量融入人们的精神生活,构建了人们的精神世界,也塑造了乡村的精神传统。中华人民共和国成立后,现代化进程的加速,不仅瓦解了家族组织,也冲散了地缘之上的血缘关系。血缘关系的解体又进一步导致人们信仰的缺失和精神世界的坍塌,乡村社会也逐渐走向凋敝和破败。道德失范、思想滑坡、利益至上等问题成为阻碍乡村发展的难题。复兴后的油菜坡苏系家族以清明大会为载体,以族规族约等制度为保障,重塑族人的精神传统和信仰体系。清明大会是祭祀先祖、缅怀至亲的重要节日,重启清明大会就是重续祖先崇拜的凝聚力和向心力,这对于恢复乡村的精神传统和信仰世界具有重要意义。清明大会通过定期的仪式展演,将其所承载的孝道文化、德育文化反复传播和巩固,潜移默化地推动乡村伦理建设。油菜坡苏系家族清明大会的开放性,又使家族文化由家及乡地向外扩容,使家族文化不仅是油菜坡苏系家族内部的文化信念,也成为乡村社会的文化观念,使乡村内部形成了共同的精神纽带，进一步增强了乡村共同体的精神传统。家规族约是家族价值观念和道德导向的重要承载，也是实施伦理培育的重要路径。油菜坡苏系家族从孝顺、和睦、勤劳、善良、诚实、明白、上进、开放八个方面制定了新时期家族的族规，并将之落实到族人的日常生活之中，通过家庭氛围的言传身教和耳濡目染，形塑家族成员的人生观、价值观和伦理观。最终实现伦理道德的振兴和乡村精神传统的复归。

其次，家族文化的当代复兴，有助于推动乡村治理。家族文化是家族内部形成的一套行为、习惯、思想、态度和体制，是家族维护血缘关系和伦理秩序的重要依据。在"皇权不下县"的传统时期，家族文化发挥着教化族众、约束族人和家族自治的功能。家族因而具有自治性质。但这种自治性只是在国家允许的有限范围内进行的，并且缺乏民主成分而具有强制性和绝对性。复兴后的油菜坡苏系家族延续了传统家族的民间自治传统，积极开展家族自治。但当下的家族自治，是油菜坡苏系家族在新的时代背景和新的文化影响下，对道德观、婚姻观、贞操观、传统与现代、自由与责任、集体与个体、法治与自治等有了更加清晰的认识后开展的家族自治，它更加注重亲情力量的感化号召和家族制度的文化规约。一方面，油菜坡苏系家族以亲情力量来密切关系、协调利益、化解矛盾、统一意志，起到凝聚族群、稳定家族的作用。亲情的感化不似制度的要求，它更加柔性、更加温暖、更加有血有肉，更容易唤起人们的感同身受和亲情体验。面对一脉同源的族人，动之以情晓之以理的方式更容易消除隔

家族文化的复兴与重构
——以油菜坡苏系家族文化建设为个案

阂、化解矛盾，家族的情感式介入也能召唤更多的理解和宽容。另一方面，苏系族人以家族和谐为目标，形成了一套系统的文化规约。从社会学角度来看，"文化既然是人类在长期的共同生活中创造的，其中必然有一些为人类共同遵从的准则和标准，这些准则和标准就是文化控制手段。"[①]家族文化为家族成员提供了共同遵守的规范，以此来对家族成员的行为方式加以约束。在上述两种方法的实践中，油菜坡苏系家族从制定礼俗规范、族规族约，到日常调解矛盾、化解冲突，再到常态化的家族大会来定期巩固价值导向和伦理秩序，在家族内部收效颇丰、效果显著，不仅大大增强了族人之间的亲情凝聚、人际和谐，还由家及乡地扩容至乡镇、县域，给附近百姓做出了示范和表率，成为该县宣传文明家风的榜样。当地其他姓氏纷纷效仿，形成了家风建设的联动效应，为当地乡风文明建设注入了强大的能量。油菜坡苏系家族的自治行为，与近年来国家所倡导的自治、法治、德治"三治合一"的理念大为契合，也从客观上真实推动了当地的乡村文化建设，使家族成为乡村稳定的蓄水池和稳定器。

第三，家族文化的当代复兴，有助于讲好村落故事。讲好中国故事需要讲好村落故事，讲好家族故事有助于讲好村落故事。新时期复兴的油菜坡苏系家族注重借助当地的民间文艺形式，将家族内部的先进人物和他们的优秀事迹创作成家族故事，在清明大会等活动中公开表演。这不仅丰富了家

---

① 郑杭生主编：《社会学概论新修》（第三版），北京：中国人民大学出版社，2003年。

结　语

族文化内涵，促进优秀家族文化的传承，还提升了村落文化的知名度和影响力，成为吸引外来资源、提高村落人气的重要方式。在油菜坡，三句半、顺口溜、花鼓戏、表演唱等民间文艺形式是当地的艺术传统，人们不仅会在重要场合请来戏班子登台表演，在田间地头、街头巷尾人们也会自发哼唱几句。这是当地人放松身心、交流情感的重要方式。油菜坡苏系家族在重启清明大会后，对清明大会的内容和功能进行了现代化改造，使之在祭祀先祖、凝聚亲情之余也成为苏系家族讲好家族故事的重要平台。油菜坡苏系家族故事中的主角都是家族中表现突出、品行端正、为家族发展做出贡献的族人，他们有的是创业能手，有的是孝顺榜样，有的是品德模范，有的是杰出精英。他们通过各自的努力成为家族榜样，在当地也产生了一定的影响力，成为油菜坡苏系家族的代表和亮点。油菜坡苏系家族花功夫、下力气，以三句半、花鼓戏、小品、表演唱等本土民间文艺形式将他们的优秀事迹深入挖掘与提炼，并创作成文艺作品，在每年的清明大会上向社会传播。这些作品，感染了观众、教育了族人，不仅促进了油菜坡苏系家族自我教育、自我传播，也成为宣传村落魅力、讲好村落故事的重要资源。油菜坡苏系家族创作的《打个花鼓唱会长》《店垭有个宗权叔》《儿子儿媳唱母亲》等作品随着油菜坡苏系家族文化影响力的不断扩大而声名远播，反过来又进一步提升了油菜坡的声誉和名气，成为讲好村落故事、助力乡村振兴的有效方式。

当代家族文化复兴，不是落后传统的死灰复燃，它有其符合当下社会的必然逻辑，也发挥了超越家族之外的社会功能和时代价值。可以说，新时期的家族文化复兴，与其历史上所经历的数次变迁有所不同。当下乡村振兴的文化语境，也为家族文化搭建了与乡村、与社会、与国家更为紧密的链接点。如何将家族文化转化为乡村振兴的资源，激发家族共同体的内生力量，值得我们高度重视，并应予以更深入地研究。然而笔者的能力还有诸多尚未到达之处，如运用专业理论进一步分析家族文化的价值潜力和未来走向，探索家族文化转化为乡村振兴资源为"乡村振兴战略"提供理论参考等方面，都需要日后继续深入研究。总之，家族文化作为中国传统文化的根基，作为现代文化创新的底色，对它的研究需要永不停歇的探索精神，这样才能够让它的价值更好地展示与世人，服务于社会。